泰國買房快易通

專家教你錢進曼谷
選對物件／創造被動收入

購屋致富密技大公開

【泰國四大重點投資區域全公開】
真正精華的曼谷蛋黃區
直擊潛力 UP 蛋白區
避開地段陷阱、推銷話術不踩雷

【泰國購屋三大指南無私傳授】
從成本管控到看屋細節都掌握
與建商、仲介斡旋全攻略
確保屋況沒問題並順利過戶

作者／陳復宇 Tank

　　非常清楚記得，與 Tank 第一次談話，是講電話而不是見面，當時我人正在多倫多拍一系列的影片，由於有時差，我是當地早晨七點，而我們一聊就是 40 分鐘，非常特別，是一個很難忘的過程。

　　彼此認識是透過海陸家赫的曾煥龍總經理，也是我一位約莫 20 年當兵的好兄弟介紹。由於正值我開始涉足各國海外房地產，包含美加、東南亞、東北亞，當然也不想錯過曼谷這個一線城市的市場，於是我們就連上線了。

　　Tank 給予我的第一個印象就是很謙虛，同時也很熱情。他鉅細靡遺地跟我解釋和介紹泰國房地產，耐心解答我所有的提問。

　　出社會入行那麼久了，尤其房地產業界，不用太多的對話，就能大概了解同行的深淺，把事情做好不容易，但更重要的是一個人的性格與人品，我們常說人對

了，事情就對了，而第一次通話短短 40 分鐘裡面，Tank 給了我非常正面的印象。

這樣子的起頭，讓我開啟了參觀和開箱曼谷、普吉島房產的影片生涯，以及大約三個禮拜的泰國深度生活體驗，期間也參觀了 Tank 位於曼谷通羅的碩盛國際不動產總部，了解公司沿革、產業生態與未來展望。更有趣的是 Tank 本人一看完全就像一個泰國人，黝黑的皮膚和看起來就吃不胖的身材，不愧是在地深耕了 10 年之久，入境隨俗。

在我們一系列的泰國房地產影片後，對於泰國的房地產已經有初步了解，但閱讀本書時，很容易再遇見新的知識！非常值得推薦各位讀者好好品嚐研讀，它就是一本泰國房產秘笈，不管未來想要自住，還是投資，都能找到很好的參考與解答。相信很多朋友們都可以透過這本書全方位瞭解泰國房地產。

第一次見到 Tank 時，我們心中不禁好奇：「他是泰國人嗎？」結果一開口流利的中文，才知道原來他是正港台灣人，親切感和信任感立刻加倍。

與許多在泰國從事房產買賣的公司不同，碩盛國際不動產的母公司在泰國成立，這讓 Tank 和他的團隊能夠迅速、有效、全面協助我們這些來自台灣的置產者。不僅解決了我們的各種疑問，還幫我們過濾掉不適合外國人購買的物件，避免許多投資陷阱。

而 Tank 的這本書，正是對泰國置產有興趣的讀者很寶貴的資源，做好功課是首要步驟，除了依賴網路上的資訊，獲取專業人士的建議更是重要。

從我們親自到曼谷看房數次的經驗發現，很多時候，問題不在於我們有沒有投資經驗，反倒是我們太常以台灣的角度，來看待他國市場，導致了誤解，甚至選到不好的物件。

在這本書中，Tank 以他在泰國深耕 10 年的親身經歷，分享實用的投資資訊，而且直接使用我們最熟悉的中文，真的就像翻譯機一樣，為讀者省去了查找英文、泰文資訊的麻煩，讓我們能夠更清楚了解投資的優缺點，和其他注意事項。希望大家在閱讀這本書時，都能夠從中吸取寶貴的經驗！

這本書的誕生，是我在泰國創業第十年的重要里程碑與紀錄。

2014 年 8 月，我帶著向媽媽借來的 30 萬資金，獨自前往曼谷闖蕩。幸運的是，那時正值泰國房地產市場起飛；到了 2018 年，泰國房市買氣更是全面爆發，我們的業務也隨之迅速擴展；2023 年，我們成功挺過疫情風險，殺出重圍。

一開始，我從泰國房地產代銷和仲介起家。時至今日，我們的集團事業體已經橫跨代租代管、室內設計裝修、民宿管理、高爾夫旅遊、泰國國際學校諮詢、土地廠房投資開發等多個領域，致力於打造泰國生活一條龍的服務。

同時，我們在全球九個國家，共有 16 個據點。十年間在全東南亞管理超過 6000 套房產，世界各國客戶超過 1 萬名，共經手客戶超過 10 億美金的資產。今天的成績

斐然，很感謝客戶們一路以來的支持。

　　回顧我剛踏入房地產界時，曾受過許多前輩無私地教導。在此，我也想向這些貴人致以誠摯的感謝，並把這份無私分享的熱忱，透過本書繼續傳承。

　　這本書——是專為有興趣到泰國買房投資、自住的投資人，所撰寫的一本教戰手冊。

　　相信大家都有關注到，因為疫情解封，加上地緣政治風險所帶動，海外房地產投資潮方興未艾。而泰國離台灣近、物價相對便宜，又是台灣人喜愛的旅遊國家，自然成為投資首選。

　　不過，過去還未有人很有系統性地將「泰國置產」的流程、注意事項、風險、優勢清楚闡述。網路上也流傳著許多以訛傳訛、斷章取義的資訊，有些甚至是帶有目地性地刻意誤導。

　　海外投資不比國內，難保沒有風險，要更花費心力，務必以閒置資金進行置產，而非賭上全部身家。期望透過我在泰國房地產市場深耕十年的實際經驗和見聞，

為讀者們提供一個全面而實用的指南，幫助大家在泰國買房投資的過程中少走彎路，做出最適合自已的決策。

感謝所有曾經幫助過我的人，也感謝，正在閱讀這本書的朋友。

Tank Chen

 目 錄

第一章 . 33

泰國房地產投資心法：釐清目的並相準標的

第二章 . 51

投資泰國房地產，限制看清楚、風險與陷阱要掌握

縱觀泰國房地產市場：泰國房產投資熱，你準備好搶得先機了嗎？

2014 年，因為一位長輩鼓勵，我開始注意到海外房地產這個領域。在此之前，我對房地產相當陌生。在他鼓勵下，我隻身來到泰國，也才知道，原來泰國房地產市場充滿了投資機會。

沒過多久，我就決定親自飛曼谷，實地考察泰國的房地產市場。

當時，我一個人走進一間間銷售中心，與銷售員用英文溝通。而我並不是唯一的外國人。經常可以在不同的銷售中心遇見來自各國的外國人。那是十幾年前的光景，而這樣的情景直到現在已經發生極大變化。隨著泰國房地產市場愈來愈熱門，許多銷售中心甚至配有會講流利英文、中文的銷售人員。也可以看到愈來愈多操著中國

口音的華人房仲，帶著一批批中國人，來到泰國購買房地產。

　　為什麼愈來愈多人到泰國置產投資？為什麼選擇泰國，而不是其他東南亞國家？這些我經常被問到的問題，在本書的一開始，要先跟大家仔細分享。

疫情後泰國房市熱，何時入場都不嫌晚

　　或許你曾在新聞上看到這樣的標題：「泰國房市升溫成海外置產投資新標的！」或者是「不再只是旅遊打卡勝地，世界各國買家蜂擁到微笑之國泰國置產」。這些標題凸顯出一個事實——泰國房地產相當受到海外投資人青睞。

　　根據泰國房地產資訊中心（The Real Estate Information Center，簡稱 REIC）的統計指出，2023 年全年，外國人在泰國購買了 14,449 戶公寓。無論是數量或是價值，與前一年同期相比，皆成長了 25%，較疫情前高出許多。

泰國公共電視台線上英語新聞網站 Thai PBS World 的報導指出，從 2022 年到 2023 年初，房地產服務和投資公司世邦魏理仕的客戶，有 89% 是泰國人，其餘 11% 來自中國、香港、臺灣、緬甸、新加坡和日本。

泰國房地產事務局（Agency for Real Estate Affairs）也明確預估，外國買家將占泰國房產總價值的 15% 或轉讓單位總數的 10% 左右，且外國人的購買量，將在未來兩年內增加到總銷售單位的 18% 左右。

這些數據指出疫情後，泰國房地產市場急速升溫。不僅如此，外國投資人，扮演了泰國房地產市場重要的角色。

◇ 房市低谷期已過，房地產受到投資人青睞

早在 2014 年到 2015 年間，泰國房地產市場熱度就相當旺盛，曼谷的地價與房價皆有明顯的漲幅。尤其 2015 年，上漲速度非常快，而幕後推手，是泰國本地人。他們熱切地尋求好的標的，許多人更以投資目的買賣房地產。

到了 2017 年左右，泰國房價已經上漲 4 年。有些提早注意到泰國房市變化的外國人，早就進場布局。但更多外國人則是看到了泰國房市的明顯漲幅，在 2017 年後紛紛進入市場。

時間來到 2019 年，泰國房價的漲幅速度放緩，加上隨之而來的新冠疫情，導致泰國房地產市場陷入停滯與下滑，尤其對規模較小的建商來說，影響甚鉅。建商為了止血，達成共識，控制供應量，推遲新專案開發，努力推銷已經開發的物件。

建商們的作法獲得成效，泰國房價跌幅獲得控制，甚至在疫情之後，房價開始快速回漲。因為房地產，具有保值、抗跌的特色，更是看重支撐力（holding power）投資人的偏好標的。

切勿跟風投資，免得被套牢慘當冤大頭

　　疫情之前，由於正值泰國房價暴力拉升階段，很多投資人都是無腦跟風購買。在此大環境下，湧現出許多不良仲介和中小建商專案，導致很多海外投資人買到較差的物件，有的買入價還明顯高於市場行情；有的則買到非常偏遠或是交通極不方便的地點；甚至還有人買到無法交付的爛尾樓。

經濟地位大幅上升，泰國成東南亞房產投資首選

　　時至今日，泰國房市迅速回溫，有許多外國投資人紛紛來到泰國買房。這些外國人在泰國買房，有很大一部分是為了投資。我有一個中國朋友，在 2017 年時，經我介紹買下一戶位在 BTS（Bangkok Mass Transit System，簡稱 BTS）阿索克（Asok）周邊的物件，當時售價僅每平方公尺 17 萬泰銖，他毫不猶豫就買下一間兩房的屋子，總共 65 平方公尺左右（約 19.7 坪）。

那間公寓樓下有許多西餐館，經常聚集很多外國人。他買來沒有多久，就租出去了。即便歷經疫情，租客也沒有斷過。直到現在，每個月固定仍有 5 萬多泰銖的租金收入，生活過得相當舒坦。

像這樣子的外國投資人，不勝枚舉。我也經常被問到，為什麼泰國這麼吸引外國投資者？泰國有什麼過人之處？

談到泰國的優勢，大家最先聯想到的可能是興盛的觀光產業，以及高度國際化的城市、友善樂觀的人民等。進一步從投資角度切入的話，我會從四個面向切入：

● 東協的領導地位和中心點
● 大量外資在泰設廠
● 讓人放心的先進醫療
● 國際學校發展成熟

◈ 東協的領導地位和中心點：都市發展再上一層樓

東南亞國家協會（簡稱東協）成員國中，無論是人均

GDP 或是國家整體 GDP，泰國都是名列前茅的國家 [1]。在亮眼的經濟表現，和本身位於東協中心點這般得天獨厚的地理位置加持，泰國積極推動讓國家經濟再上一層樓。

泰國經濟特區發展委員會 2016 年提出了「東部經濟走廊（East Economic Corridor，簡稱 EEC）發展規劃」，政府將會投資約 440 億美元，項目包含各項基礎設施的建置、擴建烏塔保國際機場與蘭查邦港深水港口等。此外，泰國政府也準備了 45 億美元，用以興建高鐵，並斥資 115 億美元建造新市鎮。

如今，機場與港口都已擴建完畢，新市鎮也有了一定規模，大量人口移入的情況下，對於居住有了更多需求。過去這一年多來，可以看到各國企業到曼谷東部搶購工業用地，同時購買住宅用地以闢建員工宿舍。市場預估，該區土地價格 3 至 5 年內至少上漲 50%。

◈ **大量外資在泰設廠：引領泰國走向國際**

泰國素有「東方底特律」的稱號。2023 年還迎來了

---

1. 以國際貨幣基金組織 2022 年的數據來看，泰國人均 GDP 僅輸給新加坡、汶萊及馬來西亞，名列第四名。

一位特別擅長「搞經濟」的總理賽塔‧塔維辛（Srettha Thavisin）。他在成為總理前，是泰國前五大建商之一尚思瑞（Sansiri）的共同創辦人暨總裁。

因其商業背景，在他競選期間，就拋出許多促進經濟發展的政見。上任後，他馬不停蹄出訪東協、香港、中國、沙烏地阿拉伯、美國等國家，拜會各國元首與重要人士，一方面推廣泰國形象，另一方面則與許多國家及企業簽訂合作協定，吸引大量國際企業前來泰國投資。

舉例來說，賽塔出訪香港，讓數家企業掏錢投資泰國東部經濟走廊；到了北京，也成功與阿里巴巴、華為、中國平安等大企業談妥了投資事宜；在美國，賽塔更拉攏了微軟、Google、威騰電子等跨國企業高達 8000 多億泰銖的投資；在台灣，則吸引到鴻海在東部經濟走廊設廠，製造電動車。

（按：賽塔於 2024 年 8 月 14 日被判違憲，遭解除總理職務。泰國新總理貝東丹（Paetongtarn Shinawatra）為泰國前總理塔信（Thaksin Shinawatra）小女兒，塔信家族

為泰國前十大上市建設公司 SC Asset 最大股東（資料截至 2024 年 8 月），市場預期泰國整體經濟政策，包括不動產政策和吸引外資對泰國加大投資的走向不變。）

另一方面，由於美中摩擦日漸加劇，許多跨國企業紛紛將生產基地遷出中國，而他們遷出後的首選地點，正是極度擁抱外國產業的泰國。例如，日本的索尼和日立、美國的蘋果，甚至中國的比亞迪、華為、海爾等公司，也都設廠在泰國，替泰國帶來大量就業機會。這也意味著，將會有許多人對於住房產生剛性需求。

◇ **讓人放心的先進醫療：醫療經濟規模為東南亞之最**

除了經濟快速起飛，泰國還有一項吸引大量外國人造訪的因素：醫療。

2021 年全球衛生安全指數評選下，泰國排名全球第五名，亞洲第一名。泰國之所以獲得如此高的名次，可歸功於以下幾點：

1. 泰國醫生在眾多領域具有國際認可的潛力和知名度。

2. 泰國的醫療品質符合國際醫療標準，以國際醫院認證（Joint Commission International，簡稱 JCI）的醫院來說，泰國就有超過 60 家，是東南亞最多。

3. 泰國的醫療費用合理。

4. 生活成本不高，適合長期居留和康復。

5. 政府部門採取直接和間接支持措施，比如當外國遊客赴泰就醫時，提供為期一年、往返入境不限次數的醫療簽證。

6. 生活機能成熟，包括泰式按摩、SPA、各種健康產品。

這些泰國醫療優勢，每年吸引了成千上萬的人到泰國就醫，尤其歐美人士居多，因為他們國內醫療費用高昂，相比之下，泰國的醫療費用顯得十分合理。以心臟瓣膜置換術來說，在美國開刀需要花費 16 萬美元，在泰國只需不到一半的費用。

泰國優勢醫療項目：
- 心臟手術（心臟繞道手術、血管成形術和心臟瓣膜置換術等）
- 骨科手術（髖關節、膝關節置換術以及脊椎手術等）
- 不孕症治療（試管嬰兒、單精子卵漿內注射、宮腔內人工授精和胚胎植入前遺傳學診斷等）
- 美容／整形手術、牙科手術、減肥手術（胃繞道、胃束帶手術等）
- 眼科和眼科手術（雷射視力矯正手術、白內障手術等）

◈ 國際學校發展成熟：國際一流頂尖學校眾多

很多父母親希望從小培養小孩的國際觀，學習獨立，並訓練他們的創意和思考能力，因而將小孩送至國際學校就讀。大部分父母親可能會優先選擇在自己國家的國際學校，但通常礙於身分限制（如需要特定國家護照、永久居留證），或是高昂學費，只能作罷。

許多人可能不知道，對比許多國家，在泰國就讀國際學校，學費與生活費的成本相對便宜不少。且讓許多外國家長心動的是，在泰國就讀國際學校，沒有國籍、學區、戶口限制，等於只要通過測驗，就可以把小孩送

到泰國就讀。

泰國擁有許多優質國際學校，如曼谷帕塔納學校（Bangkok Patana School）、曼谷哈羅國際學校（Harrow International School Bangkok）、曼谷思貝禮國際學校（Shrewsbury International School Bangkok）等。從這些頂尖學校的畢業生中，有極高比例進入全球排名前五十的大學就讀。

也因為小孩赴泰國就讀的關係，許多家長也進而考慮在泰國置產，方便過去探望小孩，甚至長住泰國，陪伴小孩。

綜上所述，包含我身邊的朋友，愈來愈多人嚮往到泰國置產，他們看到的是泰國欣欣向榮的經濟前景、醫療產業的發達、國際學校的低門檻。無論是投資或是自住，泰國已經成為房地產市場的大藍海。

東南亞國家這麼多，為何選泰國？

通常聽完我描述泰國的發展現況後，不少朋友跟客戶會這樣問我：「我知道泰國發展迅速，也知道泰國很適合投資房地產，但東南亞很多國家都發展得很快，難道沒有其他更適合的選擇嗎？」

放眼東南亞，泰國並非經濟發展得最好的國家，看看新加坡，是東南亞唯一已開發國家，人均 GDP 名列亞洲前茅，有不少人問我，為何不選新加坡？答案其實很簡單，因為「投資成本太高」。

新加坡市區的房價相當高昂，根據房地產智庫「城市土地研究所」公布報告指出，2022 年新加坡私人住宅中位價格為 120 萬美元，是亞洲城市中最高。且外國人在新加坡購屋還要繳納高達 60% 的印花稅，加上房屋稅、買賣時徵收的資本利得稅，在新加坡買房投資可以說幾乎賺不到錢，甚至還可能倒賠。

新加坡不行，那馬來西亞、越南呢？這兩個國家經濟也很好啊！聽到新加坡不適合，往往會有人如此接

著問。

事實上，我個人除了投資泰國房地產以外，也有投資馬來西亞和越南。三個國家各有優缺點，至於為什麼我比較側重於泰國，有以下幾個原因。

不可否認，馬來西亞是東協經濟前三強，更與泰國並列亞洲四小虎之一。而且台灣人在馬來西亞說中文能溝通，對消費者而言，相對安心。

然而，馬來西亞繼承了大英國協較高的房地產稅與複雜買賣手續，像是購屋最高要繳納 4% 印花稅。持有房屋的情況下，每年還要繳納門牌稅、所得稅。且買賣都要透過律師進行，還得支付律師費。不僅如此，馬來西亞的租賃市場也較不發達，屋子出租速度慢。這些對投資者來說，都是顯而易見的疑慮。

另一個東南亞國家，越南，也是經濟快速起飛的國家。尤其這幾年，受惠於中美貿易戰，吸引了許多國際企業在越南設廠，GDP 一度超過 7%。

以房地產市場來看，越南房屋轉手速度算快。不

過，外國人在越南買房，只能取得 50 年的有限租賃產權，不像泰國，許多房產是永久產權，可以讓子孫繼承。此外，如果要將越南的房子出租給租客，每年都需要申報租金稅，而且要透過持照的會計師才能申報，無形中多了一筆會計師費用。還有像是排華問題，也是許多投資人相當顧忌的。

至於寮國、柬埔寨、菲律賓、緬甸等其餘東南亞國家，經濟發展不如泰國，治安也較差，在此我就不贅述了。

泰國房地產市場與台灣異同比較，一張表看明白

分析完泰國房地產市場與其他東南亞國家的比較後，接著我們來看與台灣的異同之處。下表將從兩國的首都房地產市場環境比較：

	泰國曼谷	台灣台北
人口基數	1054 萬	264.6 萬
都市面積	1569 平方公里	271.8 平方公里
整體屋況	腹地遼闊，新建案較多。	可開發土地有限，新建案較少。
公設比	無公設比，所有公設、停車位都不計入購屋坪數。	約 35%，扣除公設比才是實際房屋面積。
租金投報率	約 4-6%	約 1.1%
市場概況	成長中	趨向成熟
置產族群	來自國內外	來自國內外
熱門區域	集中於曼谷市中心蛋黃區，郊區雖有捷運可達，但房地產投資價值較低。	除台北市，與新北、基隆、桃園形成共同生活圈，捷運可及之處，均有投資價值。

※ 資料來源：作者整理、全球數據庫（Numbeo）

上表並無列出平均單價，這是因為曼谷市中心蛋黃區的房價其實不比台北市便宜多少。注意，這邊指的是「市中心蛋黃區」，至於蛋黃區如何界定，可詳見第三章說明。

　　為什麼很多人會説曼谷房價便宜，值得進場？有兩個可能性，一個是位於蛋黃區周邊的蛋白區，確實房價比起台北市要來得親民許多；第二個是曼谷流行小坪數的產品，以套房、一房一廳的戶型賣得最好，也因為面積小，壓低了總價，顯得較好入手。

　　此外，從上表可以發現，曼谷的租金投報率是台北市的 4-6 倍之多。這是因為總價壓低，降低了持有成本，連帶提高了租金投報率。這也是為什麼許多人爭相到泰國買房，再租出去，賺取穩定的租金收入。

　　泰國房地產市場在疫情前就已經有著龐大潛力，隨著疫情過去，泰國房市回溫，向我詢問泰國房地產投資的人也愈來愈多。大家看到泰國無限的經濟潛能，以及

良好的生活、就醫、就學條件，很難不心動在這個南方國度買一個家。

　　選擇在泰國自住的人很多，但也有很多人看準了前述的經濟蓬勃背後所帶動的住房需求，而到泰國投資房地產。很多人一套一套房子買，再一套一套地租出去，替自己帶來了更多被動收入。如果你也嚮往這樣的生活，我在後續的章節，將會有更詳細的泰國房地產投資說明，請務必繼續看下去。

第一章

泰國房地產投資心法：
釐清目的並相準標的

在我從業生涯中，遇過幾個因為看到廣告而來找我的客戶：「廣告上寫說只要 200 萬泰銖，就可以買到曼谷的房子欸！你那邊有沒有這樣的物件？介紹一下啦！」

確實，我自己也曾看過這樣的廣告，廣告文宣打出大大的「200 萬泰銖」，著實夠吸引人。但，真的有這麼好康的事嗎？曼谷的房地產如此便宜？對於 200 萬泰銖能否在曼谷買到房子，容我先語帶保留，留待本章結尾告訴大家。

在這之前，我想跟大家聊聊，為什麼會想到泰國投資房地產？你想投資哪些房產？你投資的目的是什麼？你清楚泰國房地產的市況嗎？這些問題如果你還沒有問過自己，不妨趁這個機會，好好思考一下。

到泰國置產前先搞清楚：自住還是投資？

我常問初次接洽的客戶一個問題：「你為什麼要到泰國置產？你買房子是要自己住還是拿來投資？」這是一個最根本的問題，卻有許多客戶一時之間回答不出來。有些人會這樣說：「我看新聞說泰國房地產很熱，想說來了解看看。」有些則這樣回答：「朋友來泰國買房子賺了好多錢，我想說也可以試試看。」

◈ 自住看「自己」；投資看「別人」

要自住還是投資，這個問題牽涉到後面挑選物件的過程。如果沒有先釐清，之後很可能會挑錯房子，導致住得不舒服，或是投資失利。

舉例來說，一個退休人士想要到泰國置產，享受清幽的退休生活，同時又考量到年事已高，可能有就醫需求。因此，這位退休人士挑選的房子可能不會在很市中心鬧區的地段，而是偏向郊區，且附近有便利的醫療院所。

同樣的情境，換做一個不清楚自己買房地產是要自住還是投資的人，買了一個位在郊區的房子，空置期可能會拉得比較長。而且極有可能找不到願意承接的物業管理公司，因為管理的交通成本太高、利潤太低。且郊區腹地大、新建案推陳出新，日後要賣掉房子的話，除非價格具有一定競爭力，否則買家寧願買新建案，也不會買中古屋。

我常跟客戶說，如果你是要買來自住，只要找到滿足自己需求的房子就好了，相對單純。如同前述的退休人士例子，他的條件很明確，相信很快就能找到合適的物件。尤其我們觀察到，想要來泰國置產自住的外國人比例逐步上升。特別是在疫情之後，至少上升兩成，出現了很多想要到泰國退休養老的外國人，他們期待在泰國

買間房子，閒來無事就飛過來住上幾個月。

但，如果你是要到泰國投資房地產，要考慮的條件就會變得相對複雜。以投資為目的，購屋時要考量種種，以及期待的投報率。這牽涉到物件本身的條件和所在地段等。

◈ 泰國房產長期持有才是明智之道

早期許多人抱持著「轉紅單、賺快錢」的心態來泰國，下訂金買預售屋，再趁著完工前，加價賣出預售屋合約。然而，也有不少人栽了跟斗。

大約在 2013 年左右，有很多外國人到泰國搶購預售屋，企圖再加價賣出，賺取價差。然而，多數外國人難以成功將紅單轉出，或是從中獲利。許多人因此慘被套牢，最後甚至得賠售屋子，黯然離場。

以我耕耘泰國房地產市場多年經驗來看，泰國房地產市場是一個相當不適合炒作和短進短出的市場，原因如下：

1. 外國人沒有門路可以將紅單轉出

對比泰國當地人有各種門路可以將手中的紅單快速轉出，且省去仲介費這個成本。相較之下，外國人則沒有那麼多管道，如果請仲介，還需要負擔 2-3% 不等的仲介費。一來一往下，利潤變得相當微薄，甚至沒有利潤可言。

2. 泰國房地產難以在短時間內大漲

台灣房地產成長速度相當驚人，尤其疫情期間，有些誇張的建案甚至將近翻倍成長。就算是疫情過後，台灣的房地產成長率依舊持續上揚。反觀泰國，雖然泰國房地產市場也是處於往上升的階段，但是成長速度不比台灣，呈現緩漲的態勢。

因此若抱持著短進短出的策略，想要在短時間內賺取價差，在泰國恐怕是行不通的。

舉個例子，我認識一個人曾想透過轉紅單賺取價差。我多次勸阻，但他還是執意購買。結果，該物件旁邊又興建了一個價格更便宜的新建案，導致他的紅單無法轉手。最終，我只能建議

他將房子放著長期收租，但由於他的資金周轉不靈，他最後只能認賠賣掉。

3. 短線交易的稅賦高昂

就算剛買來的房產很快出現增幅，此時賣掉也極不划算，因為稅賦相當重。在泰國，若在五年內將手中房產賣出，稅率達 3.3%；倘若是五年後才賣掉，則稅率會降到 0.5%。

因此，如果你有一筆閒錢想要投資，希望達到分散風險並增加投資部位，我相當推薦投資泰國房地產，前提是要「放長線釣大魚」。將房產持有時間拉長，中、長期持有，穩定出租，是更適合泰國房地產市場的投資方法。持有期間密切關注泰國房市走向，若有合適的賣點，再考慮將房產轉手賣出也不遲。

◈ 泰國房屋租金投報率優於台灣銀行定存

聽到這裡，客戶通常會接著問：「那泰國的租金投報率如何？」以曼谷來說，好一點的地段搭配好的物件，租金投報率可以達到 5-6%；差一點點的地方，也能有

4-5% 的表現。這樣的租金投報率，已經遠勝銀行定存，還可以每個月固定拿到一筆錢，對很多人來說是相當不錯的被動收入來源。

> **租金投報率怎麼算？**
>
> 　　一年的租金除以持有成本，就是租金投報率。持有成本包含了房子總價、仲介費、代管費用、大樓物業管理費、土地稅，以及可能的房屋修繕費等等。

我該投資什麼物件？投資泰國房產首看這三大要點

　　確認到泰國投資房產的目的後，接著我們要探討的是「該投資什麼物件」。

　　面對客戶問我這個問題，我常常會開玩笑說：「憑感覺。」他們總會笑說：「你別鬧了，要花好幾百甚至上千萬，怎麼可能憑感覺。」我說：「真的要憑感覺，尤其你來泰國走一遭，就知道那種『感覺』。」

　　所謂的感覺，正是我要提的挑選物件第一要點：**地**

段與周邊。

首先，很重要的是，**對泰國人而言，距離 BTS 站或 MRT 站 500 公尺以內，才能被視為捷運宅**。這是因為當地天氣炎熱，民眾普遍不想走超過上述距離。

接著，我告訴客戶，當你找到一間不錯的捷運宅，接下來就要「感受」一下這個物件帶給你的「感覺」。聽起來好像有點抽象，但其實很直觀。這包括周邊是否有成熟的生活機能，如便利商店、超市、餐廳、咖啡廳、百貨、商場等。住進來後能否享受到便利的生活是必須親身感受的重要考量。

如果年紀較大，可能會有較多的就醫需求，那麼建案是否靠近醫院就顯得格外重要；若是有小孩要就讀國際學校，挑的房子是否離學校夠近，方便小孩上下學，也變得關鍵。

此外，建物的外觀新穎程度，還有公設的完善程度，以及最重要的房間格局規劃，這些有沒有讓你感覺到很舒服、很放鬆？我常跟客戶說，沒有 100 分的房

子，但有最適合你的房子。物件帶給人的感覺是很重要的，不要輕忽自己的感受。

而物件帶給人的感覺，又會牽涉到另外一個挑選物件的要點，也就是**建商**（中國與香港稱地產開發商，簡稱開發商）和大樓的物業管理公司。

優良建商推出的案子，總是能驚豔四座，讓民眾捧著錢搶購。這種現象在泰國尤其明顯。對泰國人而言，無論任何消費，「品牌」總是扮演關鍵角色。大品牌的建商特別受到泰國人歡迎。

泰國人偏好及信任上市的建商，尤其是規模排名前十大的。會有這樣的現象不是沒有道理，畢竟上市的建商規模大，且背負著必須向股東負責的責任，他們推出的案子通常較有品質。因此，我強烈建議到泰國投資房產的客戶，優先選擇上市建商。

這樣還能避免買到爛尾樓。雖然大型建商也可能出現爛尾的情況，但為了向股東負責，出事時他們也會盡可能將款項退還給買家。然而，中小型未上市建商就未

必了。我們曾聽聞過幾個建商蓋到一半蓋不下去，捲款落跑的案例。

此外，上市大型建商的施工品質往往也較中小型建商來得好。無論是施工技法、防水措施、結構穩固程度等等。甚至住戶最在意的公設環境、物業管理，都會與建商等級有關聯。

至於好建商如何挑選？不妨參考以下四個面向：

●**上市與否：**前面已經有提到，上市建商資本額較大，且要對股東負責，相對來說品質會較有保障。建議可挑選排名前十的上市建商。知名品牌的建商還可替建案加分，將來無論租人還是轉手都更容易。

●**成立時間：**盡量選擇有 2、30 年以上歷史的知名建商，會比較有保障。這些建商在市場上立足已久，有口碑可以參照，並且完整經歷過經濟循環依然存活。如果是成立不久的公司，有可能遇到經濟不景氣就倒一片，留給買家一棟棟爛尾樓。

●**總銷售量：**觀察建商一年推出多少建案，銷售狀況如何。通常年底的時候，建商就會發布來年的建設計畫；年初則會公布前一年的銷售狀況。不是每一間上市建商都能創造漂亮的銷售數字，因此建議多比較建商的銷售量，就能看出哪些建商有真實力。

●**不良紀錄：**可以上網搜尋或多方打聽一下，建商有無不良紀錄或不好的名聲。例如過去是否曾經延遲交屋，而延遲交屋的理由是什麼？或是建築的品質是否曾被詬病等。

2023 年最受泰國人關注的泰國建商前十名

1. Sansiri

2. Ananda

3. AP

4. LPN

5. Pruksa

6. Supalai

7. Origin

8. Noble

9. Land & Houses

10. Major Development

資料來源：Living Insider[2]

---

2. สรุป Trend อสังหาฯที่เกิดขึ้นในประเทศไทยในปีที่ผ่านมา ในงาน Livinginsider NEXT ครั้งที่ 6(2023）。檢自：https://www.livinginsider.com/inside_topic/12116/ Livinginsider-NEXT-6-0-Better-Living-Better-Life.html(Jun 13,2024）

最後，我還會提醒客戶，要選擇「容易轉手」的物件。所謂容易轉手，除了包含前述的要件，另外還要看該物件「受不受當地人歡迎」。

為什麼這麼說？原因在於，我們買的物件，將來如果要轉手，肯定**以泰國人為主要客群**，畢竟外國人在泰國投資的比例依舊算是少數。因此，如果相中的物件本身很吸引泰國人買，表示該物件之後要轉手也會更容易些。

要怎麼知道受不受當地人歡迎，可以在看屋的時候觀察，或是詢問銷售人員銷售狀況，都可以略知一二。至於不容易轉手的物件，又有什麼特徵呢？常見像是預售期間賣不太好，以及新成屋銷量不佳，這通常與定價、目標客群設定錯誤有關，或是建商有不良紀錄、建築品質較差。

預售屋、新成屋、中古屋，哪個好？

最後，我要帶大家探討另一個重要的問題，那就是該選擇預售屋、新成屋，還是中古屋？

由於泰國房地產處於發展中階段，首都曼谷的屋子仍不斷地蓋。雖然市中心有些地方已經趨於飽和，難以再釋出土地蓋新房，但整體來說，整個曼谷仍不斷地開發建設中。這一點從不斷擴張的捷運路網就能看出端倪。

也因為建設還在如火如荼進行中，新建案一棟一棟地蓋。從人性來看，買東西通常都買新不買舊，尤其當舊的東西價格並沒有便宜太多，人自然會挑新的買。這就是泰國房地產的現況。

預售屋、新成屋的價格雖然比中古屋高出一些，但並沒有到高不可攀的地步。另一方面，泰國人購買預售屋、新成屋可以向銀行貸到 100%，甚至 120%。對比之下，中古屋只能貸到 50-80% 左右。也因此，預售屋與新成屋在泰國房地產市場格外熱絡。

但這就代表中古屋沒有需求嗎？也不是。

前面提到，曼谷市中心的黃金地段已經趨於飽和，如果想要在市中心置產，就只能考慮中古屋。因此我也觀察到，中古屋市場日趨受到關注，許多人想往蛋黃區靠攏，在買不到新房子的情況下，就只能轉往中古屋市場尋覓合適的物件。

至於要挑哪一種買，大家可以參考下表，仔細斟酌：

	預售屋	新成屋	中古屋
優點	1. 開賣時價格相對低廉。 2. 只要付少許金額，就能在幾年內享受房價拉升的紅利。	1. 眼見即所得，能確實掌握屋況與公設狀況。 2. 能立即享受到全新屋況與公設。	1. 價格通常較低廉。 2. 眼見即所得，能確實掌握屋況與公設狀況。
缺點	1. 資金投入後，在建案落成前沒有任何收益。 2. 可能有過度宣傳、包裝美化等疑慮。	1. 需要在短時間內支付房款全額。	1. 泰國中古屋市場尚不透明，可能隱藏風險。 2. 房價不太有上漲空間。

不過，針對初入泰國房地產市場的客戶，我建議優先考慮預售屋、新成屋。除非有非買不可的特定地段；精

算過預期的投報率不錯；或是該物件價格遠低於市場行情，才考慮購買中古屋。如此建議的原因有兩點：

第一，泰國中古屋市場較不透明，要找到不錯的物件，宛如大海撈針般不易。雖然泰國也有類似台灣 591 的房屋交易網站，但因為泰國沒有實價登錄機制，因此價格隨便屋主、仲介開，你可能會看到同一地段的類似物件價差極大的狀況。

第二，泰國中古屋交易沒有第三方公信力機構背書。 曾經有過這樣的案例，民眾自行接洽屋主購買一棟中古屋，沒想到屋主收了錢就捲款落跑。這下民眾得花更多時間與金錢打官司，而這筆錢要追討回來的機率也是微乎其微。

由於泰國中古屋市場尚未成熟，因此本書將把重點放在預售屋與新成屋上。建議剛要接觸泰國房地產市場的你，先以預售屋與新成屋為主要投資項目。

回到本章節一開始的問題，到底 200 萬泰銖能否在曼谷買到房子？

答案是可以，也不可以。

這問題背後，牽涉到物件的地段、建商、等級、物業管理等眾多因素。200 萬泰銖，在曼谷郊區（附近沒有捷運站或位在極偏遠捷運站旁）買個套房應該不是問題，但這符合你的購屋目的嗎？

如果購屋目的是收租，我常說：「沒有租不出去的房子，只有租不掉的價格。」周邊 200 萬泰銖的物件能收多少租金？成本多少？換算下來，租金投報率符合期待嗎？以下表為例，曼谷非市區的物件，其租金投報率換算下來只有 2.5-3%，其實遠低於曼谷平均 4-6% 的水平。

所以回過頭來，我們還是得問自己，購屋的目的是什麼，以及真正想買的物件是什麼？切勿貪小便宜，以免得不償失。

建案名稱	售價	租金／月
A Space Mega 1	200 ～ 250 萬泰銖	8,000 ～ 10,000 泰銖
NUE Chaengwattana		
Rise Rama9		
Chewathai Phetkasem 27		
成本支出		
●出租仲介費：約 8,000 ～ 10,000 泰銖／首年		
●代管費：約 10,000 萬泰銖／年		
●大樓管理費：約 18,000 泰銖／年		
●其他稅費、雜支		
租金投報率 僅 2.5-3%		

第二章

投資泰國房地產，限制看清楚、風險與陷阱要掌握

前一章我們跟大家說明了到泰國置產前應該要先釐清的買房目的，以及該具備的買房敏感度。同時，我們也分享了預售屋、新成屋與中古屋的差別。接下來，我們需要了解的是，身為外國人，我們在泰國買房，有哪些規定和限制？

仲介、網友、甚至親朋好友口中說的那些注意事項，是否都該一一聽取？

以及，在泰國買房需要承擔什麼樣的風險？

新聞上播報的那些買房詐騙、投資失利等負面新聞，會不會發生在自己身上？有沒有什麼陷阱需要特別注意？

▍了解外國人投資規定，避免白費功夫

外國人在泰國買房，容易嗎？這是我從業以來經常被問的問題。我總會笑笑地說：「很容易啊！只要一本護照就能買！」客戶聽到，往往露出驚訝的表情，甚至迫不及待要再深入詢問買房細節了。

只憑護照就能買房，這句話並沒有錯，但這往往也是許多房仲的話術，先把甜頭講在前，讓客戶產生好奇心，接著再帶到銷售中心，開始推銷物件。

然而，房仲沒有說出口的是，外國人要在泰國買房，仍有一些規定。

這些規定是我在跟客戶說明時，一定會先說清楚的，因為不把這些講在前頭，萬一客戶看了一堆房，才

發現自己沒辦法購買，那就真的是白白走了冤枉路。如果你不希望自己遇到這種情況，建議先了解外國人在泰國置產的相關規定！

◈ 規定一：外國人不能完全擁有土地，因此外國人能買的房子類型有限

雖然外國人只要拿著護照就能在泰國買房，但泰國法律規定，外國人不能單獨完全持有土地，所以並非任何房產都能買。

以房產類型來說，泰國房產主要可以分成單一門牌公寓（Apartment）、多戶門牌公寓（Condominium，簡稱Condo）、商辦（Commercial building）、別墅（Villa）。

這當中，單一門牌公寓、獨棟和聯排別墅、單一門牌商辦這類房產類型，因為 100% 持有土地，因此違反了外國人不能擁有土地的法規，依法外國人是不能購買這些房產的。

外國人可以購買的只有多戶門牌公寓（所謂多戶門牌公寓指的是，該棟公寓中，每一戶都有獨立的門牌號

碼），以及部分擁有每戶獨立門牌的老商辦。

泰國房屋面積單位

　　泰國房屋面積的計量單位是平方公尺，而非坪，換算公式為 1 坪 = 3.24 平方公尺。

◈ 規定二：外國人最多擁有可售面積的 49%

　　外國人可以購買多戶門牌公寓的前提下仍有但書。泰國法律規定，整棟公寓外國人僅能購買可售面積的 49%，其餘 51% 保留給泰國本地人購買。

　　一般來說，建商在銷售建案的時候，會仔細計算 49% 與 51% 比例，甚至分層銷售，例如某幾層樓規劃給外國人購買，某幾層樓僅保留給泰國人購買，以避免觸犯法規。

　　一旦整棟多戶門牌公寓給外國人的 49% 賣完了，該公寓的其他戶就不能再賣給外國人。然而，這也不是固定的比例分配，有些十分受到泰國本地人喜歡的精華地段物件，建商甚至可能只留 20% 給外國人。建議賞屋前可

以先向銷售人員確認清楚。

	單一門牌公寓	多戶門牌公寓	商辦	獨棟／聯排別墅／土地
外國人購買資格	外國人不可購買。	外國人可購買。	新的商辦多採只租不賣形式。	外國人不可購買。
但書	與泰國人合資成立公司，且泰國人持有股份超過51%，可以透過法人身分購入。	外國人僅能購買可售面積的49%。	部分早期老商辦有劃分多戶門牌，可給外國人購買。	與泰國人合資成立公司，且泰國人持有股份超過51%，可以透過法人身分購入。

本地人轉給外國人，行得通！

　　如果相中的建案規畫給外國人的份額不足49%，仍能嘗試與泰國本地人買家協商，將本地人份額轉為外國人。這過程需要請大樓管理處開具證明，並到土地廳辦理變更過戶登記。

◈ 規定三：永久產權 vs 租賃產權

我們現在知道，外國人最容易取得的物件類型就是「多戶門牌公寓」。但，Condo 依產權還會分成「永久產權（freehold）」和「租賃產權（leasehold）」。

【永久產權】

所謂永久產權意指屋主擁有完整的屋子持有與使用權利，且無時效限制，還可繼承給子女。

只要購買永久產權的物件，不僅可以擁有屋子的產權，同時也會擁有物件佔整棟建物比例的土地權。舉例來說，坦克買了曼谷一棟永久產權 Condo 的其中一戶，坦克不僅擁有該戶的所有權，同時也擁有一定比例的土地。假設未來哪一天住戶們決議拆除大樓並出售土地，坦克可分到土地賣掉的部分利潤。

外國人在泰國買房只有地上權，是錯誤的！

　　因此我們可以知道，網路上傳言說泰國買房只有地上權，這其實是不正確的資訊。只要購買了永久產權的物件就同時擁有一定比例的土地喔！

　　房屋所有權狀（地契）上也會清楚記載你所持有的公寓面積，以及佔整個建案土地面積的比例。

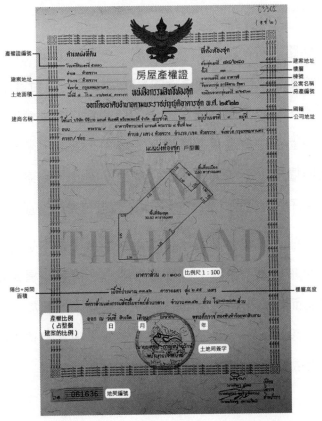

資料來源：作者提供

【租賃產權】

租賃產權則指房屋持有者只能擁有一定期限的持有與使用資格。例如某間 Condo 為租賃產權，契約上會明訂租賃時限，假設 30 年，則持有者只能擁有該公寓 30 年；明訂 30+30+30 年，則可持有最多 90 年。法律規定土地租期最多可展延 90 年，如果到期前想延展，也是可以跟建商洽談。

網路上有一說，到泰國買房，一定時間後，房子就會被收回去。這段話背後指的是該屋主買到「租賃產權」的屋子，租賃期限屆滿，屋子的所有權自然就會回歸到建商身上。由於是租賃產權，土地本來就是租來的，因此土地權自然不在房屋持有者身上。因此，到泰國買房一定要仔細問清楚，該建物是永久產權還是租賃產權。

有些人可能會擔心，租賃產權的房子是不是比較不好？並非如此！事實上在曼谷市中心，許多租賃產權的建案反而都分布在最精華的地段，因為土地屬於泰國皇室，地段好，不怕賣不掉、租不出去，很多租賃產權高檔建案依然賣得嚇嚇叫。

最後幫大家統整：

○永久產權房屋：持有者永久擁有房子所有與使用權，並擁有部分土地持份。

○租賃產權房屋：持有者在一定期限內（通常最長90年），擁有房子所有與使用權，但無擁有土地所有權。

◈ 規定四：外國人「在特定情況下」可單獨擁有泰國土地

規定一有提到，外國人基本上無法購買別墅，也無法單獨持有一塊土地。但這就意味著外國人真的沒有辦法擁有泰國土地嗎？

答案是可以的，但有條件。

外國人「不能單獨持有泰國土地」，但可以藉由「設立公司」，以法人身份持有土地、購買別墅或建造別墅。要注意的是，公司股東中要有泰國人，且泰國人持股比例必須超過51%。

◈ 規定五：外國人購買泰國房產的資金必須以外匯形式從境外匯入

這點相當重要，關乎到能否順利買到房產。講白話一點，就是「外國人不可以用泰銖在泰國買房」，必須從泰國境外匯錢到泰國，才能在泰國買房，且「**不能**」匯**泰銖，只能匯外幣。**

一般來說，我建議以美元支付，因為泰國的建商大多數只收美元，匯新台幣或其他外幣到泰國，仍會被換成美元來支付，一來一往增加許多匯損。

符合這流程，外國人才能申請到外國人境外匯款證明（Foreign Exchange Transaction, 簡稱 FET）。有了 FET，外國人才能順利取得房屋所有權狀。

若是多人合買一間公寓，也必須分開匯款。例如，兩人合買一間 900 萬泰銖的公寓，得分開各別匯等值 450 萬泰銖的外幣給建商。匯款完畢後，兩人會分別拿到 2 張 FET 證明。

FET 匯款備註欄要寫什麼？

　　在 FET 匯款單的備註欄，要記得填寫清楚、完整的物件名稱（Purchase a Condo & Project Name）、房號（Unit No）、和業主姓名（Passport Buyer Name），缺一不可喔！

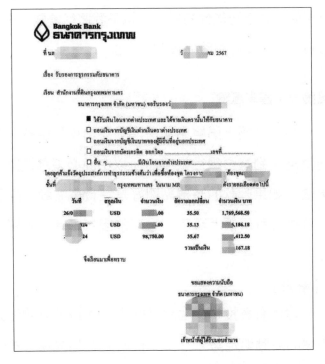

資料來源：作者提供

投資一定有風險，掌握風險才能降低風險

廣告台詞經常提到的「投資一定有風險…」，此話套用在投資泰國房地產上，同樣有道理。做什麼投資都一定有風險，能承受多大的風險，端看個人。

雖然風險可能避不掉，但我們可以做的是，盡可能降低風險、降低可能性的損失。以下我將從業數年來觀察到投資泰國房產的風險，彙整成三點。

◇ 風險一：匯率風險

由於外國人購買泰國房產需要由境外匯款非泰銖的貨幣，到泰國銀行帳戶，所以中間必須承擔匯差的風險。如果匯款的時機點剛好是在貨幣波動的高點，則日後就算房價上漲了，也可能因為匯率下跌關係而抹平房價漲幅。

【解方】

建議有意投資泰國房產的人，可以經常關注外匯市場的波動與走勢，在匯率佳時，可以先換一些外幣儲備，未來可以有效地降低成本，甚至還有機會賺取

匯差收益。

　　舉例來說，當美元兌台幣跌破 1:30，不妨可以分批進場，多換一些美元。同理，若美元兌泰銖落在 1:36 或是 1:37，也算是不錯的匯率，可視情況分批兌換，降低匯差風險。

◈ 風險二：認知偏差風險

　　「認知偏差」取決於個人的風險值，會因為不同人有不同的風險高低差異。

　　如果投資者在投資泰國房產前，沒有清楚知道自己的投資需求，就可能為了追求高房價漲幅、高租金投報率，而購買了不合市場需求的物件。

　　舉例來說，有些人聽聞泰國房地產便宜，而買了較偏遠地區的房產，卻期待可以獲得與市中心房產相同的出租速度與租金投報率。然而，偏遠地區的出租投報率可能折半，因為其他維護成本跟市區差不多，但租金卻無法與市區媲美。如此認知偏差，注定了期待與現實的落差。

【解方】

　　雖然房仲可以幫忙處理很多細節，也可以提供專業的諮詢，但是投資人自己也必須做一些功課。首先就是在先前章節已經強調過的投資目的，並對泰國房地產有基本的認知。針對房仲、房地產業者提出的利多，要先冷靜，並查證。這過程中，若有一個讓人信賴的仲介機構，可以給予不小的幫助。

◈ 風險三：產權與交付風險

　　買房最怕買到爛尾樓，這在曼谷比較少見，但若是在其他城市，則可能會遇到。尤其挑選的建案是中小型建商所推出，投資者要承擔的風險，小則延遲交屋，大則爛尾無法交屋。

　　此外，如果與泰國人共同成立了公司，進而購買了泰國的土地或別墅，則外國投資人將來可能會面臨房子的產權問題。因為持有 51% 以上股份的泰國人，有可能翻臉不認人，甚至指控外國投資人是為了置產才成立公司。這樣的風險並非沒有，也曾聽聞相關的案例。

【解方】

要避免買到爛尾樓，最簡單的方式就是盡可能避開中小型建商的物件。又或者，避免買在二三線城市。另一方面，選擇值得信賴的仲介機構也可以幫助篩選建商，進而降低買到爛尾樓的風險。

購買別墅、土地本身就必須承擔相對應的風險，若認為這個風險過高，可以尋求仲介機構協助。雖然沒辦法完全消去風險，至少可以降低風險和未來可能產生的損失。若不想承擔這樣的風險，建議購買多戶門牌公寓，就不會有以上的困擾。

投資買房，我們當然希望事半功倍，以最有效率、最高效益的方式達成目標。這些考驗，以及本章節提到的諸多風險，其實只要「找對人」，就能輕鬆克服。過程中有值得信賴的仲介幫忙，可以讓我們省時省力，同時獲取更高的投報率。

只是值得信賴的仲介要去哪找？這樣的仲介具有什麼特點？容我在此賣個關子，我們將於本書的最後一個章節深入剖析，告訴你如何挑到一個「好仲介」。

到泰國投資房產，踩到以下四個陷阱可能就完蛋！

趕快來測驗你的踩雷指數！

本章節已經提到，到泰國投資房產，並非全然沒有風險。更甚者，還可能潛藏著許多「陷阱」！

以下四個情境，看你覺得哪個選項比較合理，趕緊測試一下你的「踩雷指數」。

● 預售屋好便宜，曼谷郊區好便宜，我買得起！

● 保證租金好划算，買房還送房租，不買白不買！

● 曼谷市中心的便宜物件不能錯過，先下手為快！

● 買房有什麼難的，我自己就可以搞定！

【解析】

◇**預售屋好便宜，曼谷郊區好便宜，我買得起！**

→ **踩雷指數 70%**

我們曾碰過有人因為高估了自己的財務能力，結果最後要交屋時尾款繳不出來，導致先前已經繳的款項付諸流水。因此，一定要審慎評估自己的財務能力，有多少能力，買多少等級的房產，這才是真理！

另外，如果貪圖曼谷郊區房子便宜而下手，可能會讓自己日後面臨房子投報率不符預期的窘境！如前所述，因為曼谷郊區的維護管理成本高、租金投報率低，加上新建案不斷推出，以差不多的價格來說，泰國人寧願買新不買舊。

◈保證租金好划算，買房還送房租，不買白不買！
→ 踩雷指數 90%

　　在泰國，有不少建商會打出包租、保證租金的方案，意即你買了房子，建商保證幫你出租出去，且給你承諾的租金。在旅遊地區，如普吉島、芭達雅，確實有不少此類物件。

　　此外，還有一些中小型的建商或仲介打出 6-8% 高回報物件，甚至承諾可以永久包租，這些往往落於噱頭，目的只是要吸引投資者上鉤，快速消化手中的物件。先別說這些包租的租金回報是否「羊毛出在羊身上」，早就加進房價內，這些公司五年後、十年後還是否存在，根本是未知數。

◈曼谷市中心的便宜物件不能錯過，先下手為快！
→ 踩雷指數 60%

在市中心，出現了低於行情價的物件，更要留意背後的隱形成本。例如，屋況是否有問題，買了之後可能要花很多裝修費用；物業管理費用是否合理，會不會遠高於行情，導致之後固定成本增加。甚至，我們曾有客戶以為買到了市中心的罕見低價物件，結果才發現實際上離捷運站很遠，導致租金投報率不如預期，也難以轉手。

價錢雖然很重要，但挑選房子有比價錢更重要的事要考量，這在前面的章節我們也有提醒過，切勿貪小失大。

◇買房有什麼難的，我自己就可以搞定！

→ 踩雷指數 80%

靠自己的能力到泰國買房，並非難事，卻也非易事。如前一個陷阱我們遇過的案例，買的物件難以出租、轉手，其中一個原因就是他在沒有做好充足功課的情況下，認定該物件值得入手，結果慘被套牢。

我們建議，如果沒有太多時間可以做功課和實地考察，不如委由專業的仲介代為處理，可以省下不少麻煩，也避掉一些購屋陷阱。

第三章

立即掌握！泰國四大重點投資區域

買房最重要的就是「Location、Location、Location」，光以首都曼谷來說，土地面積是台北市的 5.8 倍，在如此幅員遼闊的城市投資房地產，更應慎選。

有人曾問我：「曼谷 MRT、BTS 四通八達，是不是只要挑個捷運站附近的建案買，就沒錯？」

這樣的觀念套用在台北市、新北市或許行得通，然而放到還在開發中的曼谷，不見得是如此。因為曼谷許多捷運站不僅距離市中心遙遠，站點周遭的土地也還尚未開發，放眼望去都是平房，甚至是一片片的荒地。如果

沒有好好研究曼谷的重點開發區域，就一股腦買在一個偏遠的捷運站，之後無論是要找租客還是找買家都會讓你「找嘸人」。

也有人問我，買在觀光勝地普吉島是不是一定租得出去？或是買在泰國第二大城清邁，能吃到房產市場成長的紅利？

這些觀念都相當的碎片化，也沒有充分了解各區域的發展特性。憑著「直覺」，或是聽人建議就隨便挑一個區域買房投資，將讓自己承擔莫大風險。

本章節將以泰國四大重點投資區域：曼谷、清邁、普吉島、芭達雅，分別介紹該區域的特色，以及區域內適合投資的地段、平均單價，幫助大家快速認識泰國四大區域的投資環境。

曼谷：投資首選，以蛋黃區為優先考量

一年四季人聲鼎沸的四面佛，還有一間間別具特

色的購物商場，以及讓人流連忘返的街邊小吃與市集，這是泰國曼谷的城市光景。這座城市，是東南亞最國際化、最繁忙的大都會之一，來自世界各地和泰國 76 個府的人到此觀光、工作、求學，也因此創造出龐大的居住需求。

根據開泰銀行研究中心預計，2024 年曼谷及其周邊的房地產轉讓數量將成長 1.2% 到 4.6%。不斷增長的需求，將促使曼谷房地產市場持續活絡好一陣子。

但從投資的角度來看，如本章一開頭所述，也並非全曼谷都是值得投資的區域。若想在曼谷投資房地產，有四個重點請務必要放在心上：

1. 蛋黃區優先

曼谷多數居民仰賴大眾運輸通勤，目前曼谷的軌道交通已經有超過十條 BTS、MRT、輕軌路線和機場快線等。而載客量最大的幾條路線分別是 BTS 淺綠、深綠線，以及 MRT 藍線。這幾條路線也定義出曼谷蛋黃中的蛋黃位置：

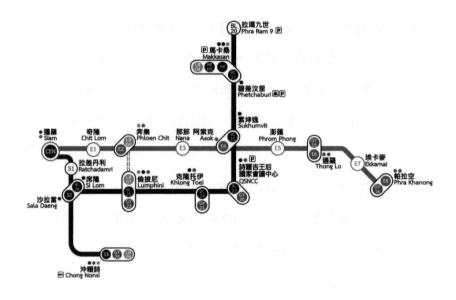

2. 通常近捷運站優先

　　由於曼谷軌道運輸相當方便，大眾也普遍習慣利用軌道運輸通勤，建議投資首選近軌道運輸站點的物件，且最好不要超過 500 公尺。不過也有一些區域沒有鄰近軌道運輸站點，卻仍賣得嚇嚇叫。這要歸因於住戶的獨特性、價格和生活機能等。

　　舉例來説，可比擬為台北信義區的曼谷 BTS 通羅站（Thong Lo）最昂貴的區段不在 BTS 站附近，反而是在一公里外的通羅路上。因為這些豪宅主人喜歡隱

蔽一點的環境，注重隱私，且他們出入要嘛有專車接送，要嘛自己開車，日常生活並不仰賴大眾運輸。也因此造就了這麼獨特「高房價卻不近軌道運輸站點」的地區。

3. 中心商業區優先

曼谷從 1851 年開始，陸陸續續規劃了幾個重點「中心商業區」（Central Business District，簡稱 CBD），以區域帶動整體城市發展為目標，透過區域的重點開發，使得曼谷多個地區因而興盛繁榮。

這些 CBD 的出現，吸引了許多本地企業、外資進駐投資。大公司紛紛在這些區域設立辦公室，摩天大樓也一棟一棟蓋，以應付龐大的商辦需求。隨之而來的是，大量的上班族在此就業、找房。因此，建議投資者要找尋物件的時候，可以先從這些中心商業區找起。

以下是發展至今的三代中心商業區：

● 第一代：席隆 - 沙吞區（CBD Silom-Sathorn）

曼谷第一代中心商業區，有著「泰國華爾街」的美名。此區有 BTS 深綠線行經，不僅外商雲集，更有多國大使館在此，也因此形塑了優良的居住氛圍，白天人潮熙來攘往，晚上相對寧靜。整體來說，此區適合工作地點在此，或是追求商業氣息濃厚的人。

● 第二代：阿索克區（CBD Asok）

阿索克區位於曼谷的心臟地帶，有兩條重要幹道交會於此，分別是素坤逸路與阿索克路。同時更有 BTS 淺綠線阿索克站 及 MRT 藍線素坤逸站（Sukhumvit）轉乘站點。阿索克區由於交通地理位置優秀，很快就成為重要的中心商業區，吸引許多外資進駐。

● 第三代：拉瑪九路（CBD Rama 9）

由於第一、二代的 CBD 日趨飽和，許多企業紛紛往這些區域的外圍尋覓合適的設點位置。鄰近阿索克區的拉瑪九路，成了許多企業的首選。

許多外企前後在此區設立企業總部，如華

為、聯合利華等國際企業皆進駐此區。此外，中國大使館、泰國文化中心、泰國證券交易所也都在此區。

4. 新房子優先

曼谷開發相當快速，新房子如雨後春筍般冒出。現階段中古屋漲幅有限，加上新成屋與中古屋價差不大，泰國本地人往往偏好購買新成屋或預售屋。除非特定區域已經沒有多餘土地可供開發，才往中古屋市場著手。

曼谷都會區公共運輸

BTS – "Skytrain"
Light green ━━━ 蘇坤蔚線
Dark green ━━━ 席隆線

MRT – "Metro" Ⓜ
Blue ━━━ 藍線
Purple ━━━ 紫線
Orange ━━━ 橙線
Yellow ━━━ 黃線
Light Pink ━━━ 粉紅線

SRT Projects
Red ━━━ 紅線
Light Red ━━━ 淺紅線

ARL Projects
Dark Red ━━━ 素瓦納普機場捷運

BMA Projects
Gold ━━━ 金線
Brown ━━━ 棕線(計畫中)
Gray ━━━ 灰線(計畫中)

（彩色版歡迎掃 QRcode 檢視）

資料來源：碩盛國際不動產提供

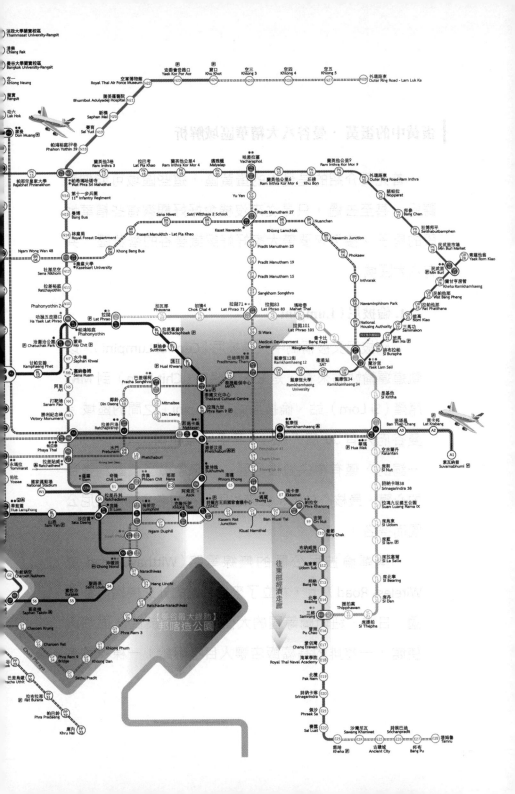

蛋黃中的蛋黃，曼谷八大精華區域解析

首先要介紹的是曼谷的蛋黃區，這些區域可能你都聽過，甚至去過，只是從來沒機會好好觀察這些精華地段的房子。接下來要帶大家好好認識曼谷的蛋黃區，共有八大區域：

1. 倫披尼（Lumpini）

倫披尼又被稱為中央倫披尼（Central Lumpini），以軌道運輸站點來看，是 BTS 奇隆站（Chit Lom）到 MRT 席隆（Si Lom）站、倫披尼站（Lumpini）之間的區域。曼谷府內有 50 個「縣」，其中能被暱稱冠上「中央」一詞的，僅有中央倫披尼區。一來象徵了此區為曼谷的心臟、最核心位置；二來也因曼谷知名公園倫披尼公園而得名。

緊鄰倫披尼公園的無線電路（Witthayu Road 或 Wireless Road）上，林立了來自各國的外交機構，如美國、日本、紐西蘭等國的大使館皆設立於此。面對大使館，一整排的高檔飯店讓人目不暇給；一棟棟華美

的公寓，也讓人看得目不轉睛。

如曼谷近五年最高價位的物件 98 Wireless，得天獨厚的地理位置，加上典雅鵝絨白的建物外觀，吸引無數政商名流搶住；公寓外觀有著搶眼的皺褶設計，位於朗雙路（Lang Suan Road）上的 Scope Langsuan，入夜點燈後，更成為中央倫披尼區的一大美景。

值得一提的是，面對倫披尼公園，耗資約 1200 億泰銖的超大型綜合開發案 One Bangkok，已經如火如荼建設中。此開發案包含了商辦、高級住宅、購物商場、藝文設施等等，預計將於 2027 年前分階段完工，可望替中央倫披尼區帶來一大利多。

★ 區域亮點：外國大使館林立／壯麗公園景觀／多個軌道運輸站點／發展成熟的商業區

★ 投資提醒：土地多為皇室所有，故多數建案為租賃產權。另一方面，BTS 站周邊商業開發程度高，住宅需往離 BTS 站較遠區域探尋。

2. 巴吞旺（Phatum Wan）

如果說中央倫披尼是低調內斂的曼谷地王，一旁

的巴吞旺就是鋒芒畢露的熱門商圈。

　　巴吞旺的精華地段西起 BTS 國立體育館站（National Stadium），東至 BTS 奇隆站，中間夾著 BTS 暹羅站（Siam）。這三站之間可說是曼谷最商業化、最受遊客歡迎的區域。光是中大型的購物商場，就多達 10 間以上，如遠近馳名的 MBK Center、暹羅百麗宮（Siam Paragon）、中央世界購物商場（Central World）等。此外，香火鼎盛的四面佛也在奇隆站旁。

　　四面佛的名聲響亮，也因此，許多海外買家往往指名要買四面佛附近的物件，看準的就是絡繹不絕的遊客，以及便利的生活條件。只是此區域的房價相當高昂，且與中央倫披尼相同，土地多為皇室持有，通常沒辦法擁有永久產權。

★ 區域亮點：曼谷第一大商圈／生活條件便利／多個大眾運輸站點

★ 投資提醒：土地多為皇室所有，故多數建案為租賃產權。另一方面，BTS 站周邊商業開發程度高，住宅需往離 BTS 站較遠區域探尋。

3. 素坤逸路 - 前段

素坤逸路（Sukhumvit Road）又名泰國三號公路，是泰國主要公路之一。素坤逸路從曼谷市中心一路向東南延伸，長達 400 多公里。以位在曼谷市區內的路段來說，本書將其大致分成前、中、後段，其中前、中段位處曼谷成熟商業區，屬於蛋黃區的範圍。

素坤逸路前段指的是從 BTS 淺綠線暹羅站到伊卡邁站（Ekkamai）之間的範圍，中間共橫跨了 6 站，這 8 個站點又被譽為「黃金 8 站」。由於此 8 站正好是沿著素坤逸路一路建置，也使得此區域的房價隨著距離素坤逸路遠近成反比，同時與 BTS 站距離遠近也成反比。

另外一個現象是，素坤逸路以北都是單數巷，以南都是雙數巷。由於素坤逸路以北的地區比較早開發，因此單數巷的房價略高於雙數巷。然而近年由於北邊的地價愈來愈貴，且可用來開發的土地也愈來愈少，許多建商開始朝南邊的雙數巷開發，未來南邊的房價有望追上北邊。

以下我們就素坤逸路前段的幾個重點 BTS 站點分別

介紹說明：

【奔集站 Phloen Chit】＋【奇隆站 Chit Lom】

這兩站的商業發展程度相當成熟，不乏購物中心、商辦、高檔飯店。

奔集站往東不遠處，有一條南北向的高架道路貫穿而過，將素坤逸路分成兩半，讓左右兩半的市容有了差異。左半部的奔集站周遭是大樓林立的模樣，右半部的市容則略顯凌亂，大樓的密度也沒有那麼高。雖說如此，奔集站周遭的房子還是相當受歡迎，房價處於高檔。

★ 區域亮點：生活條件便利，奇隆站有曼谷最知名的四面佛

★ 投資提醒：BTS 站周邊商業開發程度高，住宅需往離捷運較遠區域探尋。

【娜娜站 Nana】

講到娜娜站，相信很多人會聯想到此處豐富的夜生活、紅燈區和多元民族。

拋開這些印象，此站周遭的房價卻沒有因此被拉

低。由於娜娜站地理位置還是在曼谷市中心，此區的房價仍能穩穩站上一定門檻。

此外，位於娜娜站與奔集站中間的康民國際醫院（Bumrungrad International Hospital），是曼谷知名的私立醫院，吸引了無數政商名流前來就醫，且高達六成病患來自海外。

娜娜站還有個特別的現象，二房、三房的物件特別好賣，原因在於這邊的印度、巴基斯坦移民多喜歡大面積的房型，也造就物件的總價較高。

★ 區域亮點：富裕的印度與巴基斯坦人聚集地／生活條件便利

★ 投資提醒：紅燈區對於房價仍有影響，可考慮離紅燈區稍遠的區域。

【阿索克站 Asok】

離開娜娜站，沿著素坤逸路往下一站如同台北「忠孝復興站」的阿索克站前進，會發現整個商業氛圍又逐漸變得濃厚，一棟棟頂天立地的高樓拔地而起，還有一系列星級酒店，凱悅酒店、威斯汀酒店、喜來

登酒店等，市容景色與前一站娜娜站大相逕庭。

在阿索克站一旁的航站百貨（Terminal 21）是無論當地人或遊客都熱愛造訪的大型購物商場。BTS 阿索克站旁是 MRT 藍線素坤逸站（Sukhumvit），透過藍線可轉乘機場快線前往素萬那普機場（Suvarnabhumi Airport）。

前面提到，阿索克是泰國第二代中心商業區，加上雙鐵交會，此區有 Interchange 21 等十幾棟辦公大樓聚集，沿著拉差當碧沙路（Ratchadaphisek Road）向南北一字排開，商業氣息非常濃厚。上班族、遊客多，此區的公寓自然也蓋得多。

★ 區域亮點：第二代中心商業區／生活條件便利／雙鐵交會

★ 投資提醒：素坤逸 21 路發展成熟，可鎖定這條路上與鄰近區域的建案。但不是每個冠有 21 的建案都位在素坤逸 21 路上。

【澎蓬站 Phrom Phong】

過了阿索克站，下一站是澎蓬站。此站有泰國商業巨頭 The mall 集團開發經營的三個頂級購物中心，分

別是 Emporium、EmQuartier，再加上 2023 年才新開業的 Emsphere，形成了著名的「EM 商圈（EM District）」，同時有「貴婦商圈」之名，整體發展類似於台北的「忠孝敦化站」周邊。

從澎蓬站往後三站：澎蓬、通羅、伊卡邁，還有著曼谷小東京之稱。許多日本移民、日企社長、日本高階經理人都居住於此，巷子大多乾淨整潔，加上一間間日式居酒屋、餐飲店。稍不留意，還以為自己置身日本呢！

★ 區域亮點：鄰近第二代商業區阿索克站／生活條件便利／多日本人居住

★ 投資提醒：並非冠上澎蓬的建案就是在澎蓬站附近；39 巷主路靠近澎蓬站的物件最有價值，且 39 巷比 24 巷更有價值。

建案命名有玄機

在曼谷買房置產，物件距離軌道運輸站點的距離格外重要。建商也很明白這個道理，因此，在建案命名上往往直接將捷運站、BTS 站的站名，或是重要的路名掛在建案名字上，凸顯建案的價值。

然而，有不少建商會利用這種方法，試圖行銷地理位置不佳的物件。

舉例來說，位在曼谷動脈素坤逸路上的 BTS 澎蓬站（Phrom Phong），附近發展成熟，有許多知名建案都位在此地。由於此區主要發展的街道是素坤逸路 39 巷，因此不少建案都會在建物名字掛上 39，用以展示其獨特的地理位置價值。

其中一個建案名字有掛上 39，此建案確實在素坤逸路 39 巷，但它是在巷尾，距離素坤逸路上的澎蓬站 1.9 公里遠。嚴格說起來，此建案距離 MRT 藍線碧差汶里站（Phetchaburi）還比較近，只有 250 公尺。但建商卻為了素坤逸路 39 巷的響亮名聲，試圖透過命名「引導」消費者。

在找尋物件時，如果沒有實際走一遭，或是上 Google Maps 查找，很容易就會上了建案名字的當，務必小心。

【通羅站 Thong Lo】

通羅這個名字在泰語有「帥又多金」的意思，從字面上就可知道，本站的住民大多是社會頂層的大人物，如泰國前總理、十大富豪都在本站擁有房產，就如同「台北信義區」一般。

這些富人、有權有勢的大人物，大多住在素坤逸路 55 巷與通羅路 10 巷交界的區域。此處距離 BTS 通羅站至少 1 公里起跳，照常理說，房價應該不會太高，但由於富人們較注重隱私，且出入都有汽車做為交通工具，無須仰賴大眾運輸，因此房價仍是 BTS 通羅站周邊之最。

值得一提的是，BTS 通羅站周遭沒有大型的百貨公司，在素坤逸路前段的站點來說，是相當獨特的存在。但往素坤逸路 55 巷走，會發現有十幾間中小型

購物商場聚集的通羅商圈。這些商圈白天帶有文青的氣息，晚上則搖身一變成為曼谷最頂級的酒吧、夜店區。也因此，通羅還有個別稱「曼谷蘭桂坊」。

★ 區域亮點：生活條件便利／多日本人居住／多社會上層階級人士居住

★ 投資提醒：並非冠上通羅名字的建案就是在通羅站附近

【伊卡邁站 Ekkamai】

伊卡邁站與通羅站僅距離 800 公尺左右，從 BTS 站上肉眼就能清楚看到兩邊站體。也因為兩站距離相當近，因此伊卡邁站又與通羅站合稱「通羅-伊卡邁區」。

來到伊卡邁站，此站依然居住著許多日本人，但整體商業環境比起通羅站要來得「親民」許多。所以很多人會說，伊卡邁站是通羅站的「平價替代版」，這話說得真真切切，從整體商業環境就可以明顯感受到。此區的房價也較通羅站便宜些，類似於台北的市政府站和國父紀念館站差別。

綜觀來看，伊卡邁站的區域房價，比較高檔次的

物件都集中在素坤逸路 63 巷以東、伊卡邁站以北到通羅路 10 巷的區域。另一方面，伊卡邁站以南，以素坤逸路 42 巷為主要發展路段，愈靠近 BTS 站，房價與北面相近；愈往南走，靠近拉瑪四路（Rama 4），則房價和租金都愈便宜。

★ 區域亮點：生活條件便利／多日本人居住／與通羅站為共同生活圈

★ 投資提醒：房價與房租隨著距離 BTS 站愈遠而遞減。

4. 素坤逸路 - 中段

沿著素坤逸路再往東，過了素坤逸路 63 巷和 42 巷，後面就是素坤逸路中段。中段包含了以下幾個 BTS 站：帕拉空站（Phra Khanong）、安努站（On nut）、挽節站（Bang Chak）以及布納威提站（Punnawithi）。

來到素坤逸路中段，其實已經算是蛋黃區的邊緣。然而，隨著曼谷居住人口不斷增加，都市發展不斷向外擴張，傳統認知中的曼谷蛋黃區已經少有土地釋出開發，加上房價、租金都不斷攀升，許多人願意

住遠一點點通勤上班，也讓曼谷蛋黃區漸漸往外擴散。

　　要特別注意的是，素坤逸路中段以後離曼谷主要商業區較遠，房價更容易受到與大眾運輸站點距離的影響。假如預算有限，不妨往 BTS 站周遭的小巷子內探尋，有機會找到價格較低廉的物件。

【帕拉空站 Phra Khanong】

　　帕拉空站，又譯為帕卡農站，是素坤逸路中段裡特殊的存在。由於此站靠近伊卡邁站，許多外國人考量物價與房租，也會選擇住在帕拉空。因此，巷弄內有許多獨特的小店和賣場，文青氛圍濃厚，有點像台北忠孝新生的華山文創園區一帶。

　　再者，帕拉空站有三條大路交會：素坤逸路、素坤逸路 71 巷與拉瑪四路，這三條路是曼谷交通網重要的動脈，尤其是素坤逸路與拉瑪四路，兩條可直通曼谷最核心、最精華的商業區。三條大路交會，也帶動了帕拉空站的生活機能。

　　★ 區域亮點：生活條件便利／多條幹道交會

　　★ 投資提醒：靠近素坤逸路 BTS 站的物件最具價

值，其次是靠近 Phra Khanong 主路素坤逸路 71 巷
與素坤逸路交叉口的位置。

【安努站 On nut】

安努站本來是 BTS 淺綠線的終點站，也聚集了大
量居民，就像新北市的三重一樣，深受通勤人士歡
迎。隨著 BTS 淺綠線不斷向東南延伸，安努站反倒成
為了淺綠線的中心點，無論要往上去曼谷市中心，還
是要往下去曼谷小矽谷都很方便。

這裡雖然已是蛋黃區的邊緣，但安努站發展得
早，周遭的生活機能相當成熟，且物價相對便宜，深
受白領上班族喜愛，成為曼谷市中心素坤逸路上 CP 值
最高的住宅區。更常年高居曼谷購屋或租屋諮詢量最
高的十大捷運站榜首。

值得一提的是，安努站與帕拉空站之間有一間
泰國排名前十的國際學校 Bangkok Prep International
School 安努校區，周遭環境十分優美，深受歐美、日
韓住客喜愛。

★ 區域亮點：生活條件便利／房價相較前幾站親民

★ 投資提醒：T77 國際化社區雖然距離 BTS 站 1 公里左右，但因該社區環境優美，購物、學校等配套設施齊全，也具投資價值。

【挽節站與布納威提站 Bang Chak and Punnawithi】

之所以這兩站會一起介紹，是因為這兩站被譽為「曼谷小矽谷」。尤其是布納威提站的 Whizdom 101，集結了住宅、辦公大樓、購物中心等功能，提供商辦與居住的服務。此區域還有科技園區，有泰國電信 TrueMove、Google、亞馬遜、華為等科技巨頭進駐。目前一期已經開始營運，二期也如火如荼建設中。

來到布納威提站，已是我們定義的蛋黃區尾端，整體環境也不如前面幾站那麼商業化，天際線不再充斥著摩天大樓。但受惠於曼谷小矽谷的就業人口，以及從曼谷市中心不斷往外移的居住需求，相信這兩站的發展會愈來愈快速。

★ 區域亮點：生活條件便利／科技產業聚落

★ 投資提醒：挽節站雖然比布納威提站更靠近市中心，但由於挽節站附近沒有大型購物設施和商業

綜合體，導致挽節站區域的公寓價值反而比布納威提站要低些。

5. 席隆－沙吞中心商業區（CBD Silom-Sathorn）

被譽為曼谷華爾街的席隆-沙吞中心商業區，是曼谷最早開發的 CBD，發展至今，有許多跨國公司、金融機構將總部設在此處，同時還有十幾個國家的大使館也坐落於此。

此區創造了曼谷一半以上的財富，由北邊席隆路與南邊沙吞路圍成的長方形區域，更被譽為「黃金鏈」。每天有超過 70 萬人在此工作，不管是辦公大樓密度還是企業數量、就業人口數都是曼谷第一。

大多置產於席隆-沙吞中心商業區的人為上市公司的 CEO、高階經理人、企業老闆等，租房者以上市公司的白領菁英階級為主，同時也包含了外國大使館的工作人員等。這些上層階級的人素質高、經濟水平佳，替本區創造了良好的居住品質。

不過對於投資者來說，由於本區為商業區，大量土地都已被開發成辦公大樓，近來少有土地供新建案開發。

而在沙吞路以南到拉瑪三路的地帶，房價則是直直落，因為這一大片區域沒有 MRT 也沒有 BTS，更沒有國際大企業進駐。也因此形塑了明明都是沙吞區，但沙吞路以南的區塊房價相差甚遠。

講到這，就不得不提醒大家，有不少仲介會把這區域的物件歸類在席隆 - 沙吞中心商業區內，並藉此大肆宣傳。如果以為撿到便宜而買單，小心買到難出租又難轉手的物件。

★ 區域亮點：曼谷重要商業區／生活機能優良／居住品質佳

★ 投資提醒：土地稀缺少有新建案釋出，更要留意不要錯買沙吞路以南的低開發區域建案。

6. 拉瑪四路（Rama 4）

若將素坤逸路比擬為台北的忠孝東路，則拉瑪四路有如台北市的信義路和信義安和一帶。拉瑪四路連接了素坤逸路、沙吞路、席隆路，以及泰國第一條高速公路－乍能瑪哈納空高速公路（Chalerm Maha Nakhon）。拉瑪四路上還有 MRT 藍線的部分站點，並與

BTS 淺綠線、深綠線皆有交會。未來還會有 MRT 灰線、智慧城市港單軌鐵路通車，拉瑪四路上也會有站點，屆時將可串連通羅與南邊港區的大眾運輸交通。

放眼拉瑪四路，可以看到許多已經完工、正在施工建造的重大建設，如全曼谷最繁忙的路口之一，拉瑪四路與拉差當碧沙路的十字路口，有三個國家級的重大建設案在此興建：班嘉奇蒂公園擴建、詩麗吉王后國家會議中心、智慧城市港，此三大建設的投資總額高達 5,000 億泰銖，足見政府對於此區域的重視。

此外，在拉瑪四路上還有前面提到的 One Bangkok 超大型綜合項目，待 2027 年落成後，預計可容納 6 萬名住戶與工作人員，以及每日 20 萬名遊客。雖然 One Bangkok 的公寓只提供 60 年租賃產權，但銷量良好，深受泰國富豪與海外高收入族群喜愛。

而在 One Bangkok 斜對面，由泰國星級酒店連鎖品牌都喜天麗酒店集團，和泰國零售巨擘尚泰百貨集團子公司 CPN 共同開發的都喜中央公園（Dusit Central Park），集結了豪宅、高級商辦、五星酒店與頂級購物

中心的商業綜合項目，與 One Bangkok 一樣採取租賃產權形式銷售，同樣賣得相當不錯。

最後，拉瑪四路上還有被譽為泰國劍橋的朱拉隆功大學，為泰國排名第一的高等學府，多位皇室成員、泰國總理都畢業於這間學校，也是許多政治圈、經濟圈名人的搖籃。

★ 區域亮點：曼谷重要商業區／生活機能優良／居住品質佳／未來發展性可期

★ 投資提醒：多數物件為租賃產權，且單價高昂。

7. 拉瑪九路中心商業區（CBD Rama 9）

與成熟的席隆-沙吞中心商業區、阿索克 CBD 相比，曼谷最新的中心商業區：拉瑪九路（Rama 9），對於房地產投資者來說，還有相當大的空間。此區域發展較晚，雖已有不少外商進駐，但還沒到飽和的狀態。此外，尚待開發的土地也較另外兩個中心商業區多。我經常形容此區就像台北市的中山區，吸引眾多外商駐點。

廣義來說，拉瑪九路中心商業區指的是北邊

MRT 藍線泰國文化中心站往南兩站到碧差汶里站（Phetchaburi）以及機場捷運瑪卡珊站（Makkasan）。

以拉瑪九路為分隔線，以北是已經發展出雛形的 CBD，以南則是阿索克 CBD 的邊緣。除了有大量上班通勤族在此，機場捷運更把大量旅客從素萬納普國際機場帶到市中心來，並在此處轉乘。

泰國卜蜂集團正籌劃要在此處打造 550 公尺高、120 層樓的摩天大樓，預計將超越大京都大廈。另外這裡未來還會有世界級的高鐵轉運站、購物中心、超大型醫院、國際會議中心、大型公園等建設，透過 MRT 與機場捷運串聯，此處有望成為曼谷最重要的交通樞紐。

受惠於中國大使館的加持，拉瑪九路中心商業區迎來了許多中企進駐，如華為公司就在此處建造了一棟指標性建築 G Tower，並將總部設立於此。此外，聯合利華總部、泰國電信公司 TrueMove 也都在此設立據點。拉瑪九路中心商業區總計每日通勤上班族人數約 10 萬人。

★ 區域亮點：曼谷最新中心商業區／生活機能優良

／未來發展性可期

★ 投資提醒：最值得投資、最有價值的土地都集中在 Ratchada 大道兩旁。此路對於拉瑪九路區域來說，就相當於素坤逸路對於曼谷市中心的價值和地位

8. 湄南河沿岸 Chao Phraya Riverside

湄南河（又稱昭披耶河）對曼谷人來說就像母親一樣，孕育著這片大地。雖然湄南河很長，但實際的精華區段，且有大眾交通運輸經過的長度大約只有一公里左右。這條鐵道是 BTS 金線，全長 1.72 公里，僅設三站。

可別小看這三站，曼谷最高端的五星酒店除了在素坤逸路前段、倫披尼公園附近設點外，另外就是在湄南河沿岸了。如香格里拉、半島、希爾頓、喜來登、四季等國際知名連鎖高級飯店，都在湄南河兩岸閃閃發光。而號稱曼谷最強大的購物中心暹羅天地（Icon Siam）也坐落在此，吸引全球旅客到訪。

這短短一公里的區域，有著無敵河景，還有泰國

最強百貨加持，使得此區域誕生了許多豪宅，如文華東方酒店式管理公寓單價高達每平方公尺 60 萬泰銖，四季酒店的公寓雖然是租賃產權，卻也要 30-40 萬泰銖，就連已經有 15 年屋齡的 The River，都要價 22 萬泰銖。

★ 區域亮點：無敵河景／生活機能優良
★ 投資提醒：僅有軌道交通經過的 1 公里左右為精華區。

歸納下來，曼谷蛋黃區**距離捷運站 500 公尺以內建案**的房價與月租金如下：

距離捷運 500 公尺以內建案		
區域	平均單價	平均租金
	每平方公尺	
倫披尼	70-85 萬泰銖	2000-3500 泰銖
巴吞旺	17-25 萬泰銖	600-900 泰銖
素坤逸路 - 前段	25-35 萬泰銖	700-1200 泰銖
素坤逸路 - 中段	15-20 萬泰銖	500-700 泰銖
席隆 - 沙吞中心商業區	22-28 萬泰銖	700-1100 泰銖
拉瑪四路（阿索克路與拉瑪四路以西至曼谷車站）	16-25 萬泰銖	650-950 泰銖
拉瑪四路（阿索克路與拉瑪四路以東至素坤逸路）	15-18 萬泰銖	500-750 泰銖
拉瑪九路中心商業區	17-25 萬泰銖	600-900 泰銖
湄南河沿岸（BTS 沿線）	17-20 萬泰銖	550-700 泰銖

曼谷蛋黃區**距離捷運 1-3 公里左右建案**的房價與月租金大概如下：

距離捷運 1-3 公里左右建案		
區域	平均單價	平均租金
	每平方公尺	
倫披尼	25-35 萬泰銖（此為距離 500-1000 公尺建案，目前該區無距離 1 公里以上建案）	1000-1200 泰銖
巴吞旺	13-15 萬泰銖	400-600 泰銖
素坤逸路 - 前段	15-19 萬泰銖	450-750 泰銖
素坤逸路 - 中段	13-16 萬泰銖	300-600 泰銖
席隆 - 沙吞中心商業區	13-17 萬泰銖	300-550 泰銖
拉瑪四路（阿索克路與拉瑪四路以西至曼谷車站）	13-17 萬泰銖	400-600 泰銖
拉瑪四路（阿索克路與拉瑪四路以東至素坤逸路）	12-15 萬泰銖	300-550 泰銖
拉瑪九路中心商業區	12-15 萬泰銖	350-550 泰銖
湄南河沿岸（BTS 沿線）	11-14 萬泰銖	300-500 泰銖

資料來源：泰國碩盛不動產研究分析

※ 本表僅供參考，實際房價與租金會隨市場行情波動。

蛋黃買不起，蛋白也很好——精選曼谷三大蛋白區

看完了曼谷蛋黃區，若你發現蛋黃區房價太高，或是想要住在市郊一點，不想人擠人，也可以考慮曼谷的蛋白區。本書將曼谷蛋白區規劃出三大區域，分別是：

1. 素坤逸路 - 後段

【烏東素站與邦納站 Udom Suk and Bang Na】

首先是素坤逸路的後段，前面提到在布納威提站其實就已經是蛋黃區的邊緣。所謂的後段，就是緊接著布納威提站的烏東素站（Udom Suk）與邦納站（Bang Na）。

烏東素站與邦納站之間，正在建設東南亞最大的購物中心：Bangkok Mall，預計 2028 年開業。而邦納站旁就是曼谷三大會展中心之一的曼谷國際貿易展覽中心（Bangkok International Trade and Exhibition Centre, BITEC）。會展中心旁還有高級商辦 Bhiraj Tower，每天都有大量上班族來此辦公。

說邦納站是曼谷副都心也不為過，像是 2023 年才

通車的 MRT 黃線，就與 BTS 淺綠線三榕站（Samrong）交會，而三榕站僅距邦納站兩站而已，轉乘相當方便；此外，曼谷政府正在積極規劃興建一條從邦納出發的機場輕軌線銀線，未來完工後將可直接從邦納搭輕軌到素萬那普機場，車程僅需 30 分鐘。就像新北市的新莊副都心，不僅是新北市重要行政中心，也有機場捷運行經。

另一方面，要通往東部經濟走廊勢必會經過邦納站，也使得邦納站的重要性日益提高，吸引許多企業進駐。

邦納站不僅僅是重要經濟戰略位置，同時也匯集了許多知名國際學校，如泰國排名第一的 Bangkok Patana School 就設立於此。這些國際學校吸引了許多外國企業主的青睞，他們把小孩送進這些全泰國最好的國際學校就讀，並在邦納站周圍置產，便於照顧小孩。

★ 區域亮點：曼谷副都心／生活機能優良／未來發展性可期／國際學校雲集

★ 投資提醒：靠近素坤逸主路和靠近 BTS 幾個車站（Udom Suk、Bang Na、Bearing、Samrong 站）的物件最有價值。

2. 叻拋站 Lat Phrao

接著我們將目光往北移，來到 MRT 藍線上的叻拋站，這裡是曼谷北邊最大的聚落，尤其 MRT 藍線往前一站拍鳳裕庭站（Phahon Yothin），以及 BTS 淺綠線蒙奇站（Mo Chit）聚集了大量泰國本土公司巨頭，如泰航總部、象牌總部、能源公司等等，以及政府機構，匯集了相當多的泰國本地工作人口。這些泰國人往往都選擇落腳在叻拋站。如同新北市中永和，匯集了許多通勤到台北市上班的上班族。

此外，叻拋站還可轉乘 MRT 黃線，吸收來自黃線的人口紅利，增加此站的房地產需求。

而在拍鳳裕庭站還有兩大購物中心：Union Mall、Central Ladprao，以及大大小小的超市、賣場。眾多遊客必訪的恰圖恰市集，就在蒙奇站，距離叻拋站都不遠，叻拋站結合拍鳳裕庭站、蒙奇站，儼然成為一個

小型生活圈。

★ 區域亮點：交通便利／生活機能優良

★ 投資提醒：價值最高的區域有三處：靠近 BTS Phahon Yothin 的區域最熱鬧，土地價值也更高；其次以 Big C Extra Ladprao 為中心的區域；最後是 Lat Phrao 主路與 Ratchada 主路交匯的區域。

3. 邦蘇站 Bang Sue

曼谷政府有意將邦蘇站打造成曼谷第四代中心商業區，將打造龐大交通樞紐，搭配大型辦公區域，引進海內外大量企業，吸引大量人口移入。

泰國國家鐵路局斥資 150 億泰銖，要打造東南亞最大陸上交通樞紐：阿披瓦中央車站（Krung Thep Aphiwat Central Terminal），共有 26 個月台，可服務長距離列車、高速鐵路、捷運等等，並成為曼谷新的長途客運轉運站。就像台北市南港，目前三鐵共構，未來還會有新的大眾運輸路線加入，成為曼谷東邊最大型的轉運中心。

★ 區域亮點：未來曼谷交通樞紐／生活機能優良

★ 投資提醒：在泰國，鐵路共構不一定是房價增值保證。

綜上所述，整個曼谷蛋白區**距離捷運站 500 公尺以內建案**的房價與月租金大概如下：

距離捷運 500 公尺以內建案		
區域	平均單價	平均租金
	每平方公尺	
素坤逸路 - 後段	12-15 萬泰銖	300-600 泰銖
叻拋站	13-16 萬泰銖	350-650 泰銖
邦蘇站	10-14 萬泰銖	300-550 泰銖

綜上所述，整個曼谷蛋白區**距離捷運站 1-3 公里左右建案**的房價與月租金大概如下：

距離捷運 1-3 公里左右建案		
區域	平均單價	平均租金
	每平方公尺	
素坤逸路 - 後段	7-10 萬泰銖	250-400 泰銖
叻拋站	8-10 萬泰銖	200-350 泰銖
邦蘇站	8-10 萬泰銖	200-350 泰銖

資料來源：泰國碩盛不動產研究分析

※ 本表僅供參考，實際房價與租金會隨市場行情波動。

上述曼谷各區域，我以大台北地區的幾個區域做對照，方便大家想像大致的生活機能與商業氛圍。不過要注意，到泰國投資房地產，不能用台灣房地產的投資觀念執行喔！

舉例來說，台灣一些三鐵共構、四鐵共構的區域，象徵發展利多，房價漲幅往往很驚人；然而，在曼谷，某些地區雖然有五鐵共構計畫，卻因為周邊土地多、生活機能較差等因素，並未引起泰國人的投資欲望，房價也不如台灣一般有巨大漲幅。

因此，在曼谷，建議大家選擇跟著熱門且成熟的大眾運輸站點、繁華商場，或是知名國際學校周邊進行投資。

清邁：古色古香三環城，投資選一環內較合適

清邁（Chiang Mai）是泰國北部的政經與文化中心，人口約 120 萬人。

近年來有許多人對清邁房地產情有獨鍾，因為這裡的房價比起曼谷要親民許多，平均只要 200 到 500 萬泰銖就能買到一戶公寓。另一方面，由於清邁的整體步調較曼谷悠閒、緩慢，吸引了許多退休族群在此定居養老。

清邁市區最中心的是清邁古城（古城區），古城區外有三條高速公路層層環繞，由內而外，就好像有一環、二環、三環將清邁包圍起來。以房價來說，愈靠近一環以內的區域，房價愈高；反之，愈靠近三環，房價愈低。整體來說，如果要買公寓投資或自住，選一環以內及附近的區域較合適；二環和三環則多是別墅的物件，適合想要清靜養老的人。

市區最好的地段就是一環附近和靠近古城區的一環以內區域。在清邁一環內，可享受到繁華熱鬧的現代生活，有小資清新的寧曼路商圈、熱門商圈尚泰清邁購物中心 Central Festival。就連醫療資源也沿著一環分佈，包括古城北部的蘭那醫院、古城東部的清邁曼谷醫院。

整個清邁一環內的市中心區域，可以分成三大商圈

來說明：

● 古城東北邊的尚泰清邁購物中心

　　古城東北方向以尚泰清邁購物中心為核心的商圈。在泰國來說，有尚泰購物中心的地方就是該區域的中心，這個定律同樣適用於清邁，也因此，此處是泰國本地人喜歡置業和安家的區域。

● 靠近清邁機場的尚泰購物中心機場店

　　清邁國際機場附近的商圈，交通便捷，距離古城僅一公里，又有尚泰購物中心機場店，生活相當便利。

● 古城西北方向的瑪雅購物中心

　　寧曼路（Nimmanhaemin Road）商圈就是瑪雅購物中心（MAYA Lifestyle Shopping Center）所在位置，距離古城最近。寧曼路是清邁的時尚商圈，泰北第一學府清邁大學就在附近，在這裡可以找到各國料理餐廳、前衛時髦的咖啡館和酒吧、藝術畫廊等。很多遊客除了造訪古城打卡外，最喜歡的地方就是寧曼路的網紅街道。也因此，寧曼路成

為大學生和外籍人士的聚集地，附近的公寓租賃市場火熱，適合購房投資出租。

古城區內外國人較難投資房地產

古城區內是蘭納古王朝的皇宮，至今還保留有一些古城牆和護城河。這裡是清邁遊客最多的地方，自然也是相對比較吵鬧和喧雜的地方。

除了各種歷史景點外，還有一些本地人住在此地。由於泰國土地私有制的政策，很多舊房屋沒有經過屋主允許是不能拆的；同時古城內不允許建公寓，所以要想在古城內購買新房也不太可能。

不過泰國有錢人會在裡面交易土地並興建別墅，外國人若想要投資古城區內的物件，只能從別墅下手。

但要注意的是，外國人無法單獨購買別墅，必須與泰國人合資成立公司才能購買。

◈ 三條清邁房地產市場最夯的路

寧曼路、長康路和昌樸克路這三個區域是清邁房產市場最先發展起來的區域。

寧曼路前面有提到，不僅有瑪雅購物中心加持，且離古城近，加上有大學學區，造就了龐大的人流。另一條受到歡迎的路是長康路。此路的優勢在於距離古城和多個夜市（包含清邁夜市）相當近。距離夜市近有個好處，就是有大量的遊客造訪。清邁的夜市每天都會開，人潮熙熙攘攘，好不熱鬧。

古城北面的昌樸克路區域早年間是清邁最早有建商開發的區域，但其生活配套和對遊客的吸引度遠不及古城東西兩邊的長康路區域和寧曼路區域，導致其成為本地人主要集中居住的公寓和別墅區之一。市面上對外售賣和租賃的房源也都很少，導致無論建商還是遊客對該區域都暫未抱有太大的熱情。

以新成屋來說，清邁市區三大商圈與特定路段的房價大約如下：

區域	平均單價（以每平方公尺計算）	平均租金（以每平方公尺計算）
古城東北邊的尚泰清邁購物中心	6-8 萬泰銖	300-400 泰銖
靠近清邁機場的尚泰購物中心機場店	6-8 萬泰銖	500-600 泰銖
古城西北方向的瑪雅購物中心（寧曼路）	8-12 萬泰銖	400-600 泰銖
昌樸克路	5-7 萬泰銖	250-350 泰銖
長康路	8-11 萬泰銖	400-600 泰銖

資料來源：泰國碩盛不動產研究分析

※ 本表僅供參考，實際房價與租金會隨市場行情波動。

◇ **養老求學的最佳選擇**

整體來看，清邁發展中的區域其實不大。除去一環內相對成熟的發展狀況來說，二環到三環還有很多地方有待開發，這也使得一環以外的區域，物件類型以別墅為大宗。選擇住在一環以外的人，大多有著明確的目的，例如養老、求學。

以求學來說，在二環內的杭東區（Hang Dong），清

邁幾乎三分之二的國際學校都集中在這裡，例如蘭納國際學校（Lanna International School）、潘雅頓國際學校（Panyaden International School）、ABS國際學校等等，也使得本區居住了許多外國富裕家庭。從房市角度來看，杭東區幾乎都是高端別墅，沒有公寓。

如果是以養老為目的，則推薦湄林區（Mae Rim）與山甘烹區（San Kam Pheang）。湄林區內有自然公園、大象營、老虎園等等，很多特色的探險景點都在此區。加上山地地形多，綠化面積高，交錯的山谷中隱藏著許多家清新雅致的咖啡廳和餐館，清邁四季酒店也坐落這裡。山甘烹區則以溫泉而出名，距市中心約30多公里，因為有很好的醫療保健功效而受到歡迎。山甘烹這些年新建了很多別墅社區，清邁規劃中的第二機場也位於此區。

芭達雅：素坤逸路以西較發達，南部中天區發展潛力大

芭達雅（Pattaya）無論對於外國人還是泰國人，都是

相當受歡迎的海景度假勝地，距離曼谷 147 公里，沿著國道七號高速公路，開車不用一個半小時即可抵達。

　　曼谷的動脈，素坤逸路，自東南方出了曼谷後，一路向南延伸到芭達雅，並將芭達雅分成東、西兩部分。由於芭達雅的海灣靠西邊，所以素坤逸路以西的區域發展程度遠超過東區，商業化程度也是如此。本地人大多住在素坤逸路以東，與西邊林立的各大飯店形成強烈對比。也因為東邊的地價較便宜，吸引了許多建商買地蓋別墅，形成了一個個別墅聚落。

◇ 投資首重兩大區：中心區、中天區

　　從投資的角度來看，推薦可朝中心區、中天區兩個區塊尋覓合適的物件。

　　中心區（Central Pattaya）是芭達雅最繁榮，也是最多遊客的地區。此區有許多觀光景點、酒店林立，還有芭達雅最大的購物商場中心商場（Central Festival Mall）。因為發展得較早，無論是海灘路、海灘二路、海灘三路，還是小步行街（Soi Bua Khao），都有大量的人潮，中心區

的房子很容易出租，尤其受到歐美人士的青睞。

另外一個區域是中天區（Jomtien）。由於芭達雅北部與中心區的可開發土地有限，各大建商紛紛往南尋覓其他地點。中天區的海灘與中天二路也就成了芭達雅房地產開發的最新熱點，聚集了很多大建商的專案，許多公寓正在興建或接近完工。

值得關注的是，泰國一直在討論開放博弈產業的事宜，一旦內閣通過，確認開放的話，芭達雅南部中天區將作為政府扶持的新區，有極大可能性獲得賭場牌照，具備潛在的巨大投資價值以及升值潛力。

◈ 自住可選：北區、帕塔納克山、那中天區

芭達雅北區（North Pattaya）得天獨厚的條件在於，建商可以將公寓大樓建在海灘上，使得許多頂級公寓都有私人海灘。這些頂級公寓吸引了在春武里府（Changwat Chon Buri）工業港口就業的外籍高階主管、白領階級。他們相中的不僅僅是此處優美寧靜的海景，還有多所國際學校也坐落於此。

只是由於此區的公共交通運輸並不發達，居民們大多開車出門。因此若要拿來投資租人，投資者勢必要借助代管公司幫忙管理房子，而管理成本也會因此提高。

芭達雅的豪宅聚集地－帕塔納克山（Pratumnak Hill），是芭達雅中心區的後花園，只需幾分鐘車程，即可享受中心區的各項便利服務，卻又可住在清幽不受人打擾的山林間。位於帕塔納克山上的公寓擁有極好的視野，一些高端建案甚至能保證每一戶屋主都能俯瞰帕塔納山和芭達雅海灘及熱鬧的市區景觀，還能遠眺珊瑚島和中天雙海灣景致。得天獨厚的地理位置，深受高端、有自家車租客的歡迎。

最後一個推薦自住的區域是中天區以南的那中天區（Na Jomtien）。雖然此區域生活機能比不上中心區、中天區，但擁有相對安靜清幽的海灘，且海灘開發程度低，沙灘十分乾淨。此外，本區有海洋遊艇俱樂部，是整個東南亞最佳的遊艇停泊港口之一。由於此區住房價格相對低廉，受到本地人歡迎。如果外國買家預算有限，又想住在芭達雅，可優先考慮本區。

不過，要提醒，芭達雅的房地產開發多由外國建商主導，規模和知名度不如本地上市的大建商。此外，芭達雅和普吉島的建案付款方式與曼谷不同，是按照施工進度付款。如果沒有慎重選擇建商，萬一建商資金出問題落跑，如疫情期間一般，前期支付的款項恐怕付諸東流。

普吉島：土地稀缺，投資挑遊客多的區域準沒錯

與芭達雅同樣是度假勝地的普吉島（Phuket），每年接待的遊客超過 1000 萬人，其中泰國本土人不到 200 萬，可見普吉島對於外國觀光客的吸引力之強大。

就土地開發來看，普吉島雖然看似面積龐大（約 543 平方公里，台北市約 272 平方公里），但能夠開發的土地卻相當稀缺。這是因為普吉島政府很早就規定，要維持整座島的綠化率高於 70%。除了某些區域可能會有較多的建案推出，普吉島整體的公寓供應量並不多。

◈ 投資選擇西海岸三大海灘與邦濤海灘

普吉島上大大小小的沙灘有幾十個，其中排名前十的沙灘大多位於西海岸，每年成千上萬遊客都會來到西海岸光顧。如果在普吉島買房的目的是投資出租給遊客，則西海岸會是最好的選擇。

西海岸的三大海灘：芭東海灘（Patong）、卡倫海灘（Karon）和卡塔海灘（Kata）是最早開發，也是最成熟的旅遊區，集中了全島 70% 的酒店、度假村，也是房產投資的黃金地段。而這當中又以芭東海灘所吸引的遊客最多。

芭東海灘因為遊客眾多，各類生活和娛樂設施都相當齊全。而且外國人眾多，購入的屋子想要轉手也會更有市場。不過芭東海灘開發得早，近年少有新的建案問世，市場上交易的大多是中古屋。新的建案大都移往芭東的兩座後山上。

西海岸另外兩個海灘，卡倫海灘與卡塔海灘，緊鄰芭東海灘，遊客也相當多。

至於普吉島西北部的邦濤海灘（Bang Tao），也是開發成熟的海灘之一，是普吉島著名的富人區，遊客相對較少，較多攜家帶眷來長居或度假的西方人，度假氛圍濃厚。這裡擁有長達七公里的粉白色沙灘，區域內有悅榕集團打造的樂古浪悅椿度假村（Angsana Laguna Phuket），占地約 120 萬坪，集公寓、五星級飯店、高爾夫球場和購物中心，為遊客提供奢華舒適的體驗。

◈ 自住選東海岸，與當地人同樂生活

如果說西海岸是遊客的天堂，則普吉島東海岸就是本地人的生活中心。特別是普吉鎮，不僅是東海岸的市中心，更是整個普吉島的核心地帶，日常生活的所有需求，都可在這獲得滿足。例如普吉島有六大購物中心，其中四間就在普吉鎮。另外還有曼谷醫院普吉分院、多所國際學校、普吉島唯一的大學普吉皇家大學（Phuket Rajabhat University），甚至還有米其林餐廳也能在普吉鎮找到。

普吉鎮是一個相對西海岸更清幽的所在，在這裡，

可以享受悠哉的自駕生活，過上恬淡雅趣的生活。

　　普吉島對台灣人來說可能較陌生，加上台灣比較少直飛的班機，且遭受過南亞大海嘯肆虐，種種因素使台灣人對普吉島房地產投資較無概念，也沒有興趣。

　　然而就我們觀察，普吉島的投資報酬率相當不錯，投資報酬率可達 7-10%，因此吸引了大量因戰爭離開母國的俄羅斯人在此置產。普吉島的新建案不多，若要投資，大多只能往中古獨棟別墅開發，因此中古屋市場比曼谷更熱絡，不失為追求高報酬率投資人的一個投資選項，只是要優先選擇大型建商的建案，同時留意外國人購買別墅的限制。

第四章

泰國購屋「前」指南： 從成本管控到看屋細節 都要一一掌握

這就是我未來的新家了嗎？在步入一棟棟現代新穎的公寓前，不曉得你心裡是否也會有如此幻想？

本章就要進入實際看房的階段，首先會談的是買房前要做的功課，包含了隱形成本的計算。接著會帶大家了解看房的「眉角」，也會告訴大家看房過程可能會有哪些「陷阱」。接下來就跟著我逐步熟悉買房的流程吧！

看房前，隱形成本先算一下

俗話說，不要把雞蛋丟到同一個籃子裡。這話用於投資泰國房地產也是同樣道理。我見過一些年輕人，因為看了網路影片或新聞報導，就捧著好不容易存到的錢，來到泰國買房。

他們只準備了買房的錢，卻沒有多餘的錢付買房衍生的相關費用。最後只能東籌西湊，想盡辦法擠出錢來，把該付的稅金、雜費付一付，才順利拿到房產。然而，此時戶頭已經一毛都不剩。雖然手握泰國房產，卻失去了該有的生活品質。

撇除精華地區、黃金地段，泰國大多數地區的房產價格確實低於台灣。不過不要因此認為只要準備「剛剛好」的買房基金，就能投入泰國房地產市場。我會建議大家，買房不要把錢拿捏的剛剛好，多留一點預算，當碰到需要支付預料之外的費用時，才不會捉襟見肘。同時，手邊留有一點本錢，也才是較合宜的投資之道。

以下就要告訴大家，在泰國購屋，無論買的是預售

屋、新成屋，都會有必定要支出的成本：

1. 房款

如果買的是新成屋、中古屋，會需要在交屋時支付全額房款；如果是預售屋，則先繳 12% - 30% 的頭期款，完工交屋前再付剩餘尾款。不過無論是哪一種類型的房子，對於外國人而言，都還是得準備全額購房費用，差別只在於分期攤還，或是一次付清而已。

在泰國貸款買房不是明智的決定

你可能會有疑問，買房不是都會搭配貸款減輕付款壓力嗎？為什麼本書告訴大家要準備好全額房款呢？

確實在泰國買房也可以貸款，然而泰國銀行給外國人的利率相當高昂，普遍來說會落在 8-10% 左右。這個貸款利率已經高於一般租金投報率，對於投資者來說相當不划算。因此，如果有貸款需求的話，會建議在台灣以台灣房產增貸或二胎，取得較低的貸款利率，再將貸款到的錢以外幣匯到泰國進行購屋。

2. 過戶費

根據泰國法律規定，住宅的房屋交易過戶費為 2%，由買家與賣家雙方各付 1%。以總價 1000 萬泰銖的房產為例，過戶費為 20 萬泰銖，買家與賣家要各付 10 萬泰銖。

大家有看到重點嗎？買家與賣家都要各付 1% 的過戶費，也就是說，當你買進需要付 1% 過戶費，而當你要把房產賣掉時，還得再付到時土地廳評估價的 1% 過戶費。從投資角度來看，這 2% 就是投資者必須付出的買賣成本。

3. 土地與建築稅

所謂土地與建築稅其實就是房屋稅，只要持有房產，屋主每年都必須繳納，課徵的基準是公告地價，而非買房時的交易價格。泰國房屋稅分成以下幾種級距：

房產價格	稅率（每年）
5000 萬泰銖以下	0.02 %
5000 - 7500 萬泰銖	0.03 %

房產價格	稅率（每年）
7500 萬 - 1 億泰銖	0.05 %
1 億泰銖以上	0.1 %

可以發現，泰國的房屋稅課徵的並不重，以 1000
萬泰銖的房子來說，每年需要繳納的房屋稅也才 2000
泰銖。

4. 大樓管理費（Maintenance fee）

一般而言，建商會在交屋時，要求屋主一次
性支付 1-2 年不等的大樓管理費（下簡稱管理費）。

泰國的管理費是以每平方公尺計價，平均單
價從每月 35 到 150 泰銖都有。舉例來說，一個 35
平方公尺的物件，管理費是每月每平方公尺 75 泰
銖，則預繳一年的管理費是 31500 泰銖，兩年就
是 63000 泰銖。

物件的等級愈高，連帶地管理費也會愈高。
特別是有飯店式物業管理的物件，管理費會再更
高。由於愈高等級的物件，平均戶數較少（單戶面
積較大），當戶數分母變少的情況下，管理費就會

變得比較高昂。以曼谷來說，管理費落在每月每平方公尺 50 泰銖左右，或是以下的物件為剛需的物件，符合一般市井小民的生活水平；80 泰銖以上的就會被歸類到高端的物件；100 泰銖以上就是豪宅了。

5. 大樓維修基金 (Reserve funds)

所謂大樓維修基金是由所有住戶一起募集所得，會用於社區的公設、停車場、電梯、水電管線、牆面等設備的保養、維護與修繕。

大樓維修基金通常會在交屋時向所有住戶徵收一次，通常 10 年內不會再徵收，因為新房子出問題的機率不大。但若換作有一點屋齡的中古屋可就不一定了，徵收維修基金的頻率可能會提高。

大樓維修基金不是某人說了算，而是全體住戶開會討論得出的數字。以一般公寓來說，維修基金基本上落在每平方公尺 400-1500 泰銖不等。舉例來說，你購買的屋子有 35 平方公尺，則維修基金會落在 14000-52500 泰銖左右。

預售屋的多餘支出要先算清楚

前段提到的是所有屋子類型都需支付的相關成本，本段特別將預售屋拉出來說明，原因在於預售屋還有其他「隱形成本」，務必在購屋前先算清楚。

1. 房屋面積補差價

由於消費者購買預售屋時房子還沒蓋好，因此購屋的合約裡所載明的室內面積，是根據建築設計圖所預測的面積。交屋時，建商會請專業的量測團隊針對每一戶進行精密測量，從而得出實際室內面積。當實際測得的室內面積與合約記載的面積有誤差時，會需要補差價或是退差價。

舉例來說，坦克買了一戶房子，合約中記載的面積為 35.5 平方公尺，單價為每平方公尺 20 萬泰銖。等到實際交屋時，建商測得實際面積為 36 平方公尺，則坦克需要再補 0.5 平方公尺的房價，也就是 10 萬泰銖。相反地，如果實際測得是 35 平方公尺，則變成建商要退 10 萬泰銖給坦克。

大致上來說，房屋面積的誤差不會超過 3% 以內，雖然金額可能不高，但還是要有補差價的心理準備。

2. 電錶安裝費及押金

此項很單純，通常按一房或二房以上戶型收取每戶 6000-8000 泰銖不等金額。

綜上所述，假設你今天在曼谷購買了一戶 35 平方公尺，總價 1000 萬泰銖的預售屋，交屋時你會需要付出的成本包含了（以下為假設情境，實際支付金額以實際交易為準）：

1. 房款：1000 萬泰銖

2. 過戶費：10 萬泰銖（1%）

3. 土地與建築稅：2000 泰銖（0.02%）／每年

4. 房屋面積補差價：約 14 萬泰銖（房屋實際大小比原本多 0.5 平方公尺）

5. 大樓管理費：31500 泰銖（預付一年）／每年

6. 大樓維修基金：26250 泰銖（以每平方公尺 750 泰銖計）／一次性

7. 電表安裝費及押金：6000 泰銖／一次性

8. 雜費：500 泰銖

以上合計約 1030 萬泰銖，有些費用需每年定期繳納。

這也是為什麼我會建議大家買房要算清楚隱形成本，並多留一點預算。假設你只估算了買房子所需的 1000 萬泰銖，而少算了 30 萬泰銖相關費用。當一條條帳目需要你付錢時，你可能會感到錯愕。而這還不包含裝潢費用，以及日後出租時的代租代管費用，要留意隱形成本吃掉租金收益的比例。

在泰國賣房仲介費怎麼算？市場行情：賣方付 3%~5% 不等

在泰國，如果委由仲介進行房屋買賣，一般來說仲介費會算在賣家身上。也就是說，買家無須支付仲介費。然而也是有少許仲介公司會收取買家仲介費，因此在挑選仲介的時候，也要留意一下仲介公司的相關規定。

◈ 買房租人裝潢費用不可少

如果各位到泰國購屋的目的是要投資租人，建議可以先抓一個大概的裝潢預算。

泰國預售屋基本上都會附贈冷氣、櫃子與基本的油漆工程、甚至木地板。有些還會送家具、家電。但以絕大多數物件來說，各種小家電都須自己購買，同時房屋內的裝潢也要自己想辦法。

你可能會問，如果建商都已經給一間看起來尚可的屋子，那又何必再花一筆錢裝潢？原因很簡單，如果沒有細心裝潢，屋子的租金價格通常會較低。因為泰國租屋市場競爭激烈，一旦你的屋子看起來沒有經過專業設計，甚至給人一種「平淡無奇」的感覺，不要説出租，可能連來看房的人都寥寥無幾。

因此，會建議投資者先抓至少 10 萬泰銖的裝潢費用（包含壁紙、特殊漆、木作牆，和嵌入式家飾、燈具等），再根據實際屋況以及風格配置相對應的裝潢。特別提醒一下，並不是花愈多錢裝潢就愈好，還是得考量到租金投

報率，在不吃掉租金投報率的同時，給予屋子較好的面貌，才能吸引租客上門。（關於出租與裝潢的詳細內容，將於第八章說明）

看房該怎麼看？ 10 個細節一定要了解

了解了買房需要支出的隱形成本後，接著就要實際看房了。看房是一件讓人興奮又期待的事情，走進富麗堂皇的大廳、想像自己住在裡面，在自家陽台欣賞城市美景，愜意的生活，光幻想就讓人心曠神怡。而看到一個好物件，更是讓人忍不住就要拿出信用卡，直接下訂。

如果你手中已經拿著信用卡，請先等一下！

縱使你現在感覺非常良好，覺得「就是它了」，也請先別衝動。賞屋看房不能只憑感覺，我們要睜大眼睛，拿出放大鏡，檢視由裡到外的每一個細節。

在第三章時，我們已經提到在泰國，尤其是曼谷買房，最重要也是最關鍵的原則，就是要買在蛋黃區、蛋

白區，且鄰近捷運站。如果你相中的建案已經符合這兩項條件，那此建案已經算是及格了。

至於要怎麼樣挑到分數更高的物件，不妨參考以下的 10 個看房細節。如果你挑到的物件滿足至少 8 個以上，那此物件就有足夠的條件讓你將手中的信用卡交給代銷人員！

● 細節一：生活舒適度與便利性

離 MRT、BTS 近是必備，如果同時又是雙線甚至多線交會的站點，那就更好了，要去哪裡都十分方便。此外，還要留意建案周遭有沒有超商、購物商場、學校、醫院等便民機構。如果生活機能優良，對於租客來說是一大誘因。就算是自己住，也能住得舒適。

根據統計，距離 BTS 站或 MRT 站 500 公尺內的物件會脫手比較快。原因就在於步行時間可以控制在 6 分鐘左右，不會走到熱昏頭。為什麼？這要從天氣來說明。

季節	月份	平均氣溫	注意事項
熱季	3-5 月	32℃～ 38℃	曼谷一年中最熱月份是 4 月。
雨季	6-10 月	27℃～ 28℃	
涼季	11-2 月	19℃～ 26℃	曼谷一年中最冷月份是 12 月。

資料來源：Weather Spark、欣傳媒

有人戲稱泰國全年氣溫只分成「熱、很熱、非常熱」，這句話可能有點誇張，但對某些人的體感來說，一點都不假。根據統計，泰國整年平均溫度約是 28℃左右，最高溫可達 45℃。就算是相對較涼的季節，最低溫也鮮少低於 20℃。普遍來說，泰國本地人對於可接受的步行距離相對短，畢竟要在高濕度的大熱天下行走，真的是酷刑啊！

● 細節二：建案等級

泰國的建商所推出的建案往往區分成不同等級，所謂的等級會牽涉到許多細節，例如建築品質、公設豐富性與品質、裝潢質感、戶數多寡、大樓管理服務品

質等等。如果想要追求更高品質的居住條件，可以鎖定建商旗下的高等級系列建案。

愈高級別的建案，通常離捷運站點愈近，或是位於精華地段、戶數較少。但相對的，價格也較高。如果預算不多，挑選知名建商的平價級別建案，也是一個好策略。

舉例來說，泰國上市建商 ANANDA 旗下的公寓以名字有 Ashton（A）的物件為最高等級代表，後面依序是 Culture（B+）、Ideo Q（B）、Ideo（B）、Ideo Mobi（C）、Elio（D）。另一個建商，AP，旗下公寓最高等級系列是 Address，後面依序為 Rhythm（A）、Life（B）、Aspire（C）。較低等級的建案，主打的是 CP 值，其實品質不輸高級別的建案，也相當受到泰國本地人歡迎，只是有的離地鐵站較遠。

另外要補充一點，還要特別留意建案的等級與建商規模是否相符，尤其是預售屋。舉例來說，看到中小型建商規劃的大型、超大型建案，應該要保持警覺。這樣的建案，在銷售初期可能一切都很正常，甚

至受到熱烈搶購。然而一旦遇到像是新冠疫情這種不可控的大型事件，中小型建商很容易就會因為資金短缺，導致建設擱淺。

● 細節三：交屋標準－天地壁櫥具衛浴冷氣

前面提到，建商的建案有區分等級。在此提供大家最基本的精裝修交屋標準口訣：「天地壁廚具衛浴冷氣」，意即天花板、地板、牆壁、部分櫃體及固定設施、衛浴、冷氣機。

不同等級的建案，其交屋標準，包含所附贈的配備往往也會有差。例如較高等級的建案就會給予大廠牌的衛浴設備，為了吸引消費者上門，有時也會祭出買大送小的活動，只要買房子，就送大、小家電或全套家具，如電冰箱、烤箱、微波爐、洗烘碗機，或沙發、床架、桌子等家具。

● 細節四：戶型探究

泰國的公寓主要有幾種類型：套房（泰國稱Studio）、一房一廳、二房一廳、三房兩廳等等。其中套房大部分為 30 平方公尺以下，一房一廳大多是 30-

45 平方公尺，二房通常 40-60 平方公尺。

以曼谷來說，大部分的區域，以套房、一房最受到租客歡迎。少部分區域，如通羅站（曼谷信義區）周遭，因為當地居住的族群關係，以二房一廳的戶型較受到歡迎。值得一提的是，多房型的單價通常會比少房型高，也就是説三房的單價會比一房貴。這與台灣恰好相反，台灣大坪數的物件通常單價會較低。

而以整棟公寓來説，泰國人會更青睞住在高樓層，因為有景觀可以欣賞。相對地，高樓層的單價也會比低樓層高。

最後要看一下總戶數多寡，有些人不喜歡住在戶數比較多的公寓（通常是建案 C、D 等級的），例如七、八百戶起跳的，出入人口相對較複雜。不過戶數多也不全然是壞事，所有住戶平分下來的每平方公尺管理費也相對較低廉。

泰國公寓大樓的公設、停車位都不計坪

對於動輒 30% 起跳公設比的台灣，泰國公寓大樓的公設是不計入購買坪數內的。也就是說，你所看中的 28 平方公尺套房，實際買到的空間大小就是 28 平方公尺，不會再扣公設。此外，停車場也是不計坪的，不需要購買停車位，等於免費贈送，先到先停。

● 細節五：梯戶比

一般來說，會建議挑選梯戶比 1:3，或是 1:4 的建案。意思就是說，每三到四戶可以配到一台電梯。如果一層樓有 12 戶，則建議電梯數量應配備至少 3-4 部。另外，雖然高樓層的景觀較好，但隨之而來的不便就是電梯往往要等比較久。泰國建案等級 A、B 的，通常梯戶比為 1:2；如果是 C、D 等級的，則梯戶比多為 1:3、1:4，有的 C、D 等級建案，一棟樓僅有兩部電梯，等待時間相對較長。

● 細節六：屋子面向方位

在台灣，人們崇尚坐北朝南的屋子，以避免冬天冷風灌進家裡，同時夏天促進室內通風。此外，台灣

人也普遍避免挑選西曬的房子。但是在泰國，因為一年四季都很熱，並沒有這些習慣。對泰國人來説，屋子朝向哪個方位並不重要。更重要的是，面對的方向是不是有美景，才是他們在乎的重點。

此外，泰國人偏好面向有水的那一面，例如水岸、游泳池。對他們來説，水有生財的意涵。尤其是游泳池，面游泳池的物件通常賣很快，不僅僅有水帶財，同時還因為面泳池的物件擁有永久棟距優勢。

● 細節七：是否鄰近嫌惡設施

對台灣人來説，嫌惡設施包含了像是瓦斯行、加油站、宮廟、殯儀館等等。在泰國，這些嫌惡設施大多不是買房的忌諱。不過有一個要特別注意的是，泰國的廟宇有些會有火化遺體的服務。如果建案的特定房型面對這類廟宇的火化爐（有煙囪的地方），單價會較低一點，就看買家自己會不會介意了。

● 細節八：可否養寵物

在台灣很少聽到公寓禁止住戶養寵物，但是在泰國，多數的公寓大樓都是禁止養寵物的喔（寵物指的是

會發出聲音的，例如貓狗、鳥類等等）！如果你還是養了，而且不幸被檢舉，管委會有權向你罰款，或是取消你的磁卡。

但現代貓奴狗奴越來越多，泰國也因此出現越來越多標榜寵物友善的公寓，這些公寓有些開放部分樓層的住戶可以養寵物，有些限制只能養小型動物，還有些則是沒有特別限制。

這類寵物友善的公寓，雖說房價、租金並不會比一般的公寓來得高，但可以吸引到有養寵物的租客，也不失為一個投資的好標的。

● 細節九：鄰居與周邊建案

我們曾遇過買家遇到惡鄰的例子，甚至差點引發公寓大火。或許我們沒辦法決定我們的鄰居是誰，但是我們可以決定購買的區域。買在熱門的區域，由於競爭激烈，無論是住客還是租客，都是好不容易才能住進該區域的建案，相對來說，素質會好一點。

另一方面，我們鎖定一個建案時，也要看一下周遭的建案建造進度與狀況。我們看過某建案因為周邊

的住戶都是皇親國戚，結果明明該建案已經獲得建築許可，最後還是被撤銷，只能把買家的錢退回去。當時我就沒有承接這個建案的代銷，因為已經知道可能有這種狀況。如果你是找仲介買房，不妨請仲介確認一下，因為像這種跟當地鄰里、政商關係息息相關的內幕消息，只有長久深耕在地的仲介會較清楚。

● 細節十：環評報告

最後一項，可能是最重要的一項，就是環評報告（Environmental Impact Assessment，簡稱 EIA）。基本上來說，泰國建商必須通過環評才能開工建造。如果沒通過環評，輕則補交申請延遲開工（可能延半年到數年之久），重則無法建造。

聽起來環評相當關鍵，沒錯，確實是如此。但，如果選擇知名的上市公司，基本上就不用太擔心。因為就算這些公司的建案沒通過環評，他們也有足夠的資金可以退還首付款給買家。相反地，如果是規模較小的建商，有些可能直接跑路，買家等同賠了首付款。

那麼，該怎麼確認建商有沒有拿到環評呢？這

在看房時，可以向代銷人員索取，如果建商已經有通過，就會有相關證明文件。但是在泰國，有些建案還沒取得環評前就會預銷，此時的售價會比較便宜，等到通過環評後，單價會略微提升。不過這就回到前段所強調的，要挑選上市知名建商，會比較有保障。

泰國購屋簽約注意事項

看完了泰國的房子，如果有喜歡的，接下來就會進入到簽約程序。泰國買房簽約其實相對單純，各家建商的合約也都大同小異，唯有以下幾點要特別注意：

1. 載明資訊是否詳盡無誤：房屋資訊（公寓地址、具體房號、面積、樓層等）、買方資訊（買方姓名、性別、護照號碼、聯繫方式及電子郵件等）、建商資訊、交屋時間、付款方式、違約罰則與責任釐清、及附件等。

2. 交屋時間：建商會以電子郵件告知何時交屋，買方必須必須在指定交屋期限內進行驗屋、交屋。若錯過此期限，則被認定違約，不僅先前付的頭期款會被沒收，房子也會被建商收回重新出售。

3. 付款方式和時間：買方需要在規定的時間之前支付相應的房款，可以多付，但不能少付，不然會被建商收取違約罰款。

4. 一定要用藍筆簽字：泰國購屋合約必須用藍色原子筆或鋼筆簽名，不可以用黑色或其他顏色的筆。另外除了簽名頁以外，購屋合約的每一頁右下角也都要簽名，以表明買方沒有少看或漏看合約內容。除此之外，每一份合約還都需要在騎縫處簽名。

　　買房投資本來就是一件需要深思熟慮的行為，做愈多功課，想得愈仔細，愈能確保自己買到不後悔又喜愛不已的房子。如果有人不斷標榜「在泰國買房很簡單」類似的言論，反而要對其可信度大打折。

　　下一章我們將進入到與房仲、代銷人員斡旋的環節，分享如何破解他們的話數，避免買到不合乎自己需求的房子。

第五章

泰國購屋「中」指南：
與建商、仲介斡旋全攻略

　　有一天，我接到一通電話，電話那頭是一位曾經接洽過的客戶。他一開口就是怒氣沖沖地罵：「你都不知道那個仲介多可惡！我都飛來泰國了，突然跟我說本來要帶我看的房子已經賣完了，請我看別間。如果說價錢差不多就算了，但竟然大大超出我本來的預算！」

　　我先任由他抒發情緒，接著向他詢問事發經過，他情緒緩和些後，才娓娓道來：「那個仲介上個月向我推薦一間公寓，靠近 BTS 站，又是在蛋黃區，而且價格比周

遭的建案還要便宜。我聽了他的介紹，幾乎沒有缺點可以挑剔，便迅速約了時間來泰國看房。誰知到了現場，他才說原本介紹我的戶型已經賣完了！要我去看比較貴的！」

其實這樣的故事我並非頭一次聽到，應該說，這是許多海外房仲的常見話術。這些業務員就像在釣魚一樣，先把迷人的餌料放出去，吸引客戶上鉤，接著以各種理由說服客戶買更高價的屋子。

這種話術並沒有違法，但有沒有辦法避免或是辨別？這是本章節要探討的重點，希望大家準備進入買屋流程時，能更順利，也能更清楚如何與仲介、代銷、建商的業務斡旋。

仲介話術千變萬化，教你如何不上當

找仲介買房，事實上是比較省時又省力的選項，因為仲介可以根據買家的需求，推薦和介紹手上的房源，

買家省去自行查找房子的時間。

然而，市場上並非每個仲介都以正派著稱。有些仲介善於利用「話術」引誘買家上鉤，尤其對海外買家來說，買家在不夠了解泰國當地的廣告用詞、買賣手法之下，可能就會因此吃了悶虧，如同本章節一開頭的例子。

也因此，如何辨別仲介是否「話中有話」，或是「以假亂真」，就顯得格外重要了。以下我羅列了幾種經常聽聞的話術給大家參考，並深入分析每一種話術背後的真正意涵。

◇ **話術一：以誘人低總價、高投報字眼，搭配精華區段誘你上鉤**

房仲：「推薦給您一間位在曼谷湄南河的水岸美宅，低總價又高投報！」

如果建案緊鄰湄南河，可以眺望水景，同時又總價低、回報高，可能嗎？事實上，大家腦中想像的湄南河景，可能是絢麗奪目、五光十色的。然而實際上的湄南河，有如此景致的地段僅 1 公里左右，更多河段兩岸盡

是一般平房。

當房仲講出這樣的話術，我們要先理解的是，該建案是否坐落在精華地段？交通是否方便？還是只是一間位於鳥不生蛋地區的平凡物件？

假如該物件並非位於精華地段，甚至是生活機能甚差、交通不便的貧民窟，那低總價確實合理。但這樣的物件，租客群體大部分是泰國本地人，是否真的有「高投報率」，用第四章介紹的成本守則計算一下，便能知道了！

消費者前往賞屋前，務必要先查清楚建案的地址，以及該總價在該區域是否合理。如果低得不合理，那肯定「羊毛出在羊身上」，就該知道便宜有便宜的原因。先做好功課，過濾掉不適合自己的物件，可以省下來回看房的時間與精力。

◇ **話術二：以捷運宅為名，讓你誤信出租、轉手都很容易**

　　房仲：「曼谷捷運宅，家裡樓下就是捷運，租
　售免煩惱！」

這句廣告標語聽起來十分吸引人，若是在台北市，這樣的物件單坪沒有個 1、200 萬是買不到的。

換作曼谷，曼谷捷運網絡不比台北差，同時，覆蓋面積也比台北大出許多。如果你每隔一兩年就來曼谷玩，你會發現，幾乎每隔幾年，曼谷就有新的 MRT、BTS 或是 SRT、ARL 等。預期再過幾年，曼谷的軌道運輸網絡會超過 10 幾條路線。

然而，後來開通的路線，大多數的站點都不在曼谷市中心區，而是為了服務市郊通勤所需，或是替將來的市郊開發奠定良好交通基礎。有些路線甚至不會駛進曼谷市區，例如 MRT 淺紫色線、BTS 淺綠線的延長線，都已經不在曼谷行政區內，而向北延伸到暖武里府，往南延伸到北欖府。另外，捷運站 500 公尺以內跟 2、3 公里外的環境落差很大，有些建案明明不在捷運站附近，卻靠著話術使你信以為真。

聽到或看到這樣的標語，要先問清楚，該物件到底位在「哪一個捷運站」。如果在曼谷外圍，甚至地址都不

在曼谷，那無論要租人或是轉售，可能都會是煩惱的起點，魔鬼藏在細節裡，仲介的話術務必再三檢驗。（掃下方 Qrcode 看藝人高山峰訪問影片，破解更多迷思）

◈ **話術三：透過特價、打折，讓你以為買到就是賺到**

　　房仲：「最後倒數熱銷特價，搶到等於賺到！」

　　泰國公寓大樓的建設週期通常是 2 至 3 年，如果一棟公寓從預售開始賣，賣到蓋好了都還沒賣完，甚至還打折，證明了什麼？

　　一般來說有三種可能性，第一是銷售末期，剩零星物件要出清；第二是一開始的定價策略錯誤，價格訂得太高。而這邊要提醒的是第三種，某些較差的戶型，舉例來說，像是位於低樓層，視野不佳的，也會透過打折來加快出售。

　　這時如果想撿便宜，建議先就具體的物件所在樓

層，結合樓層平面圖、格局圖、視野圖做出綜合判斷。如果是新成屋或是中古屋，最好能親自走一遭，或是委託仲介拍影片協助看房。

很多人問我，遇到這種特價的物件，該不該進場？其實評估一下該物件的所在區域，以及房子的條件，如果不是太差，價格又真的十分優惠的話，是可以考慮進場。畢竟入手價壓得低，後面的租金投報率仍有很大機率可以符合期望值。然而，還是得衡量日後租售不易的風險。

◈ 話術四：靠資訊落差套利，讓投資人衝動購買

房仲：「這邊租金高於市場和周邊行情，買了爽當包租公、包租婆！」

買家對於自己所相中的物件周遭平均房價、租金，多少會抱有一定的期待。然而，泰國並沒有實價登錄，市場資訊並不那麼公開透明，成交資訊都任由房仲說。

有些不良仲介就會看準這點，針對該區域房價、租金稍微灌水，營造出該區域房市看漲、投報率優良等假

象。當買家對於建商開的價格抱有遲疑，不肖仲介為了盡快促成交易，便會誇口說該區房價已遠高於此建案，或是說買來到時候出租可以租高價，

這些話是真是假，如果不是深耕當地許久，一般人很難得知。如果想避免自己買貴，除了挑選商譽不錯的仲介公司之外，自己也要做功課。推薦大家可以使用 hipflat、DDproperty、Livinginsider 三個網站，查詢區域房價，了解市場行情在哪，才能避免被當盤子喔！

除了以上的話術，另一方面，我還遇過一些客戶向我抱怨，他們買到的房子硬生生比建商開的價格還要高。原因在於房仲竟然高報房價，從中賺取價差。為了避免這種情況發生，教大家兩個方法，檢視房仲是否有偷偷賺價差：

● 方法一：可向建商的銷售中心索取銷售價格表，與仲介開的價格核對是否一致。
● 方法二：查周遭房價，了解該物件房價是否合

理。可運用 hipflat、DDproperty、Livinginsider 等
網站查詢。

如果想避免被賺價差的可能性，建議找尋口碑佳、
歷史悠久、規模較大的仲介公司。

直接找建商買房是不是比較有保障？

看完以上的內容，或許你會產生一個疑問：「既然跟
仲介買會擔心被話術欺騙，那不如直接跟建商買？」

這個問題也是我們經常被問到的問題，而這些客戶
一開始都是跟建商買房，後來卻轉而來找我們服務。為
什麼呢？

首先我們要明白一個道理，泰國建商重視的潛在買
家是誰？

就我們與各大建商交流的經驗，可以感受到泰國建
商普遍都相當重視海外市場，不吝於增加公寓銷售給外國
人的總面積，也希望外國人在整體買家的佔比提高。

這是因為，外國投資者愈來愈多，且不乏資金雄厚的投資者，這些人是建商亟欲把握住的對象；另一方面，外國屋主佔比提高，也可以被建商拿來作為賣點，招攬本地人購買。因為有不少泰國人對外國人抱有好感，能與外國人共住同一棟公寓，是一種與有榮焉的感覺。

然而攤開數據來看，目前外國人在泰國置產的比例還不到 20%，也就是說，不管建商多麼重視海外消費者，鞏固好本地客群仍是重中之重。因此，泰國建商仍會花費最多人力、物力、財力、精力，以服務本地消費者。只有少數比較大型的建商會特別成立服務海外投資者的團隊或是部門，大多數立足本土的建商可能連專門的服務人員都沒有。

從建商的行銷心態就可以知道，直接跟建商買，實際上可能會碰到一些問題，例如：

● 語言隔閡

大部分建商的服務人員只會講泰語，會講英語、

日語、中文的服務人員極少。而且就算有會講第二外語的服務人員，他可能要應對 2-3 棟公寓大樓的售後、交房等一系列溝通程序。如果一棟公寓中幾百戶房子裡面只有幾十戶是海外屋主持有，那他一個人少說也要處理數百個海外屋主的郵件往來溝通。這會造成郵件溝通效率低落，當海外屋主透過電子郵件詢問問題，可能得等數個月才會收到回覆。

● 投資人時間、資源有限

一般外國投資人很難三天兩頭就飛泰國賞屋，由於時間與手中掌握的資源有限，導致投資人難以掌握太多物件資訊，而可能錯過更好的物件，或是買到不盡人意的物件。

● 建商服務人員能力有限

前段已經提到，可能因為語言隔閡造成處理問題效率低落。還有更多情況是，建商的服務人員並沒有多餘能力協助處理屋主的問題。

舉例來說，外國買家買了泰國房子需要在泰國銀行開設帳戶。外國屋主沒有經驗，不知道該去哪家

銀行辦理、如何溝通、需要攜帶哪些資料，對於整個開戶流程和費用也都不清楚。當外國屋主將這類疑問透過郵件方式詢問建商的服務人員時，往往如石沉大海，無法收到回覆。不是服務人員沒收到，或是不願意回，而是這些服務人員可能自己也不清楚銀行的政策，更何況泰國有這麼多間銀行，每一間銀行的開戶程序不會完全一樣。

這個問題看起來不大，但一旦外國屋主因為帳戶問題造成付款延誤，建商照樣會收取逾期利息，甚至是違約金，因為在他們的認知中，銀行開戶並不在他們的服務範疇，也與賣屋無關。

● 售後服務不周全

對於建商來說，房子賣出去是最重要的事情。至於賣出去後，屋主要拿來租人還是自住，建商管不著，也不見得願意協助處理。儘管目前市面上已經有愈來愈多建商成立了售後服務部門，協助屋主處理裝修、出租、轉售等事宜，但問題又回到我們最一開始說的。比起服務外國人，建商的服務人員更樂意提供

泰國人最即時的服務。原因很簡單，因為服務泰國人沒有語言隔閡，對服務人員來說更便利。此外，泰國人行事效率較不像台灣如此迅速，且服務人員汰換率高，有時會有交接不清的情況。

我們曾經有一個客戶向建商購買了「裝修套餐」，替新買來的房子裝潢、添購必要家電與家具，以利日後出租。然而當這名屋主對於裝潢內容有疑問，想要請建商調整時，卻無法立即得到建商的回覆。最後，建商甚至連信都不回了，導致該名屋主的房子空置了一整年，白白損失一整年的租金收入。

上述的問題，都可能發生在不同建商身上，更可能發生在直接找建商買房的你身上。

跟建商買房能殺價嗎？

在泰國，以預售屋來說，是不太有殺價空間的。除非已經到了銷售尾聲，仍有為數不少的戶數尚未售出，此時建商才有可能主動給優惠，買方也才有機會議價。此外，如果建案條件好，更不太給殺價，縱使有團購優惠，像是一次團購 10 戶以上，建商頂多每戶給 2-5 萬泰銖折扣。

我強烈建議，到泰國投資房地產，找專業仲介服務，能避免以上提及的問題。以語言問題來說，專業可靠的仲介一定會配有會多國語言的服務人員，幫忙與建商、裝修廠商等窗口溝通；另一方面，專業仲介熟悉整套買房到租房的流程，到銀行開戶這種小問題，絕對難不倒專業仲介；而服務的層面更不用說，仲介靠服務吃飯，無論是服務效率或是品質，都肯定比建商提供的售後服務來得好。

本章分享了購屋前與仲介過招的幾套方法，以及辨別仲介的話術，避免上當受騙。最後則建議大家，與其

找建商買房，不如委請仲介幫忙。雖然本章提醒了大家許多防範仲介話術的方法，但最大目的並不是要大家不要找仲介，而是避免被不良仲介欺騙。事實上，有仲介從旁協助買房、租房事宜，對於海外投資者來說，仍是利大於弊。

在進入下一章的內容前，我們最後附上一張表，關於泰國購屋的程序，大家不妨仔細了解，如果看到合適的房子想要購買的話，需要歷經什麼樣的流程。

下一章，我們將進入到驗屋、交屋階段，會告訴大家驗屋有哪些重點，以及過戶有哪些注意事項。

◇ 泰國購屋程序表

【預售屋】

一、下訂金、簽署預定單	訂金通常是 5 萬至 20 萬泰銖不等，根據房屋總價變動。一般套房（Studio）和一房一廳的房型都是 5-10 萬泰銖；兩房以上可能會到 10-20 萬泰銖訂金。下訂金之後，就會簽署預定單，等於握有優先購屋權。

二、 支付頭期 款、簽署 購屋合約	支付訂金後，通常 14-30 天需要支付頭期款，大約總房價的 12%-30% 左右。當建商收到頭期款，就會把訂金退還給你，並與買家簽署購屋合約。若沒有按時支付頭期款，則訂金不予退還。 **※ 注意：務必清楚詳細閱讀合約，尤其是後續的每一個時間點，像是支付尾款的時間點。一旦錯過，又沒有跟建商達成延期付款協定的話，那麼之前支付的所有款項都有可能被建商沒收。**
三、 驗屋	一般來說，簽署購屋合約後，只要靜靜等待房子蓋好，接獲通知驗屋即可。驗屋，顧名思義就是檢驗屋子的狀況，可以點出需要改善的地方，建商會再修整，直到屋主滿意。 ※ 有些建商會提供免除過戶手續費優惠方案（Free All），只要買家在指定日期前先支付尾款，就可以免過戶費，或獲得一些贈品。 有些人為了這些優惠，選擇「先付款，後驗屋」，後面才發現建商對驗屋提出的改善項目不積極處理。建議大家充分考量此風險，再選擇是否要接受優惠。
四、 支付尾款	一旦驗屋環節通過，建商就會要求屋主在「指定時間內」匯足剩餘房款。再強調一次，務必在指定時間內匯款，否則先前支付的所有費用都將被沒收，也拿不到房子。

五、 交屋	建商收到尾款後，確認無誤，便會在 30 天內交屋給屋主，屋主會拿到鑰匙與大樓感應卡或磁扣。
六、 辦理產權登記	屋主需要支付相關稅賦，如過戶費、土地與建築稅等等，並到土地廳辦理產權登記，就能拿到產權證明，也就是房契。

【新成屋／中古屋】

一、 下訂金、 簽署 預定單	訂金通常是 5 萬至 20 萬泰銖不等，根據房屋總價變動。一般套房（Studio）和一房一廳的房型都是 5-10 萬泰銖；兩房以上可能會到 10-20 萬泰銖訂金。下訂金之後，就會簽署預定單，等於握有優先購屋權。
二、 支付頭期款、簽署購屋合約	支付訂金後，通常 14-30 天內需要支付頭期款，大約總房價的 25%-30% 左右。當賣方收到頭期款，就會把訂金退還給你，並與買家簽署購屋合約。若沒有按時支付頭期款，則訂金不予退還。 ※ 注意：務必清楚詳細閱讀合約，尤其是後續的支付尾款的時間點。一旦錯過，又沒有跟賣方達成延期付款協定的話，那麼之前支付的所有款項都會被賣方沒收。

三、 驗屋	驗屋，顧名思義就是檢驗屋子的狀況，可以點出需要改善的地方，看賣方是要整修，還是直接從總房價扣除整修費用。
四、 支付尾款	一旦驗屋環節通過，賣方就會要求屋主在「指定時間內」匯足剩餘房款。與預售屋不同的是，新成屋或是中古屋的尾款支付期限會與頭期款非常近，通常只有 30 天的時間。
五、 辦理產權登記並交屋	屋主需要支付相關稅賦（大部分情況下是買賣雙方各付一半），如過戶費、土地與建築稅、特種商業稅（賣方盈利的情況下需要支付）等等，並到土地廳辦理產權登記，就能拿到產權證明，也就是房契。拿到房契後，就會點交、給予買家鑰匙。

第六章

泰國購屋「後」指南：
確保屋況沒問題並順利過戶

　　買屋歷程來到最後一步，此時的你，可能正滿心期盼地迎接交屋的那一天到來吧！只是在還沒拿到房子鑰匙、過戶前，我們都會提醒客戶，還是要謹慎地看待剩下的每一個流程。

　　我們曾親眼見過已經簽約、付了頭期款的人，最後卻沒拿到房子。雖然這種案例不常見，但我們絕對不希望這種悲劇發生在自己身上。因此，本章將帶大家深入了解泰國置產的剩餘環節有哪些注意事項。

提早或延遲交屋應對攻略

購買成屋的話，通常付完尾款，即可立即辦理交屋手續，甚至當天就能拿到房屋鑰匙，成為新房子的主人。但如果是購買預售屋，就沒那麼快了。在預售屋的購屋合約上，會載明預定完工日。但通常不會那麼剛好在預定完工日當天完工，有時候會提早一點，有時則晚一些。當遇到提早或延遲交屋的狀況時，該怎麼辦？以下分別說明：

● 提前交屋

以法規與合約規定來說，建商若提前完工，可以向買方告知提前交屋。然而，這也意味著買方得提前將尾款準備好。如果建商告知可提前交屋，但買方手邊尚無足夠現金支付尾款，可以與建商協商，例如依照原定交屋日交屋。

提醒大家，建商不見得願意協商，因為根據合約內容，建商是有權堅持提前交屋的。所以大家在買房時，尾款最好能提早準備好。而與建商溝通往來，也

建議全程以電子郵件進行，以留下記錄。

● 延遲交屋

合約既有載明提前交屋的相關規定，也有延遲交屋的規範。超過交屋日一年以內的話，建商無須對買方賠償。例如，原定交屋日是 2024 年 8 月 1 日，建商只要在 2025 年 7 月 31 日前交屋，就不算違約。

倘若超過交屋期限一年，一般來說建商需要按日支付買方銀行公告存款利率的利息。假設銀行公告存款利率是 0.5%，而買方已經支付了 500 萬泰銖的頭期款，則建商需要每日支付買方 833 泰銖左右的利息。

如果買方不能接受，也可採取法律途徑，要求建商退回所有已付款項。

對於買方來說，應該都希望能準時或是提前交屋，最好是不要遇到延遲交屋的情況發生。建議在簽約時就要看清楚關於提前、延遲交屋的相關規範與罰則，以免實際碰到相關狀況時措手不及不知如何反應。

買到房子要做的第一件事：驗屋

建商交屋時，買家要做的事情是：驗屋。講到驗屋，跟大家分享一個例子。有一天，我接到一個朋友的電話，電話中，他說他有一個朋友的房子出了一點問題，想請我幫忙解決。他將電話轉給朋友，對方急沖沖地說明他碰到的問題：「Tank，我有一間房子在曼谷 On Nut 站附近，半年前交屋，上個月租出去。沒想到房客才住進去一星期，就跟我反映雨水會從窗戶的接縫處滲進室內。我請物業管理公司幫忙處理，但物業拖了一個多星期都沒動作。我的租客受不了要跟我申請退租。這種狀況我是否只能讓他退租？你那邊有辦法幫我處理漏水問題嗎？」

就他的狀況來說，租客確實是有權利要求退租並拿回押金的。漏水問題，我也有辦法協助他排除。對於他所遭遇的事件，我深表遺憾，沒有人希望好不容易出租出去的房子遇到問題，甚至被退租，還得重新找租客。

這個例子被我經常拿來向客戶強調驗屋的重要性。

假設該名屋主有確實驗屋，或許就能提早發覺漏水問題，並請建商修繕。但可能因為驗屋不周全，而導致屋況有問題而沒察覺，進而引發後續的損失，只能說得不償失。

驗屋環節的重要性，尤其凸顯在預售屋上。當我們好不容易等到交屋日，先別被喜悅沖昏頭，平心靜氣地檢查屋況，才能確保之後住得舒適，甚至減少如前例的糾紛。

◇ 驗屋階段就把問題通通找出來

建商在交屋前，通常會內部進行至少一次驗屋，針對瑕疵部分，會自行安排維修。有些買方或許因為人不在泰國不便驗屋，或是想要省下聘請專業驗屋團隊驗屋的費用，因此選擇便宜行事，單方面信任建商的驗屋與修繕結果。

前述例子的事主，就這麼跟我說了一句話：「我當時想說建商都驗過了，應該沒問題吧？反正泰國新公寓一般都有至少一年的保固期，若真的之後發生問題，建商

與物業管理公司也會幫忙維修。」

然而問題總是在我們最不想要發生的時候出現，這也是為什麼驗屋必須要確實，且不可一味相信建商的驗屋結果。畢竟，建商球員兼裁判的角色，真的會把所有問題一一揭露嗎？

再者，驗屋階段就先把問題通通解決掉，會比起日後請物業管理公司協助處理要來得有效率。這是因為如果驗屋一直驗不過，建商就會拿不到可能高達 70%-75% 的尾款。因此對於驗屋所揭露的問題，建商往往會更積極的協助處理，以利早日順利交屋、拿到尾款。

反觀如果買方在驗屋過程沒有確實檢驗，直到住進去才發現問題，這時雖然還在保固期內，但維修效率絕對不比驗屋時來得高。

這是因為泰國人的生活哲學「宅焉焉」(ใจเย็นๆ)，做事情的態度比較不疾不徐，絕非仲介公司不處理。加上物業管理公司要服務全棟公寓數百戶住戶，針對漏水、管線阻塞等大問題，物業管理公司雖然有義務幫忙解決，

卻可能心有餘而力不足，無暇在第一時間給予最高效的服務。

此外，如果等到左鄰右舍都搬進去後，才發現屋子有問題，需要進行維修。此時還得配合大樓管委會規定的裝修時間、支付公共空間清潔費用，等同大大影響裝修效率且更花錢。

◈ 驗屋重點一次看

看到這邊，想必大家對於驗屋環節的重要性，應該都已經相當明瞭。那麼，驗屋要看哪些重點？我們將多年來的驗屋心得整理成以下表格，幫助大家在驗屋時能清楚掌握驗屋的重點。

打勾	驗屋項目	驗屋細節
		油漆平整無龜裂
	全室牆面	貼磚確實（可敲擊看是否空心）
		接縫處密實

打勾	驗屋項目	驗屋細節
	全室窗戶	玻璃無任何裂痕
		氣密性沒問題
		雨水不會從外滲入
		窗框無變形或歪斜
	全室地板	地板無凹陷或隆起
		貼磚確實（可敲擊看是否空心）
		接縫處密實
		木地板無翹起
	全室天花板	無漏水
		油漆平整無龜裂
	浴室	洗手台、淋浴間水壓正常
		管線無阻塞（馬桶、浴盆、淋浴間）
		淋浴間地板可正常排水（洩水坡度正常）
		全浴室皆無漏水之虞
	全室插座與開關	正常供電且電壓正常
		插座、開關蓋皆無毀損或污漬
		開關皆可正常使用
	全室照明	燈泡皆無閃爍且可正常照明

打勾	驗屋項目	驗屋細節
	全室櫃體與門	門皆開關順暢且無雜音
		門把無鬆脫也無刮痕
		門片無毀損或污漬
		櫃體無毀損或污漬
		櫃體門片皆開關順暢且無雜音
	冷氣	正常運作無任何雜音
		管線與牆面接縫處完整密合無隙縫
	附贈品（家電、家具）	皆可正常使用且外觀無毀損或污漬

　　針對上述驗屋的重點，如果發現任一項有問題，或是疑慮，都可以向建商詢問，以及要求改善。原則上驗屋沒有次數限制，驗到買方滿意為止。務必驗好、驗滿，再仔細都不為過！

三道防線把關看不見的驗屋細節

如果有把前面所提到的驗屋重點做足、做好，相信屋況已經有 60 分。你可能會驚訝，這樣才 60 分？

肉眼都能看出的問題，肯定要要求建商好好處理。但許多問題往往是「看不見的」，就如同本節開頭的例子，漏水與否，實在很難透過一己之力檢測出來。這些肉眼難以察覺的屋況細節，一旦發生問題，可能會讓整間屋子直接扣到不及格。如果提早發現問題，並妥善解決，恭喜你，你的屋子就是一間 100 分的屋子了。

以下舉例一般人經常忽略或是難以看出端倪的屋況細節：

● 全室牆面有無與地板呈現水平

● 全室窗戶、牆面、地板能否確實防水

● 廚房、浴室、陽台的水管是否完全暢通

● 天花板內的管線是否接得恰當無安全之虞

● 插座電壓是否足夠與穩定

以上這些細節，說實在的，一般人很難看出問題所

在，也很難靠自己的力量進行檢測。舉例來說，水管是否完全暢通，不是開水龍頭看水能否順暢排掉而已。若要知道水管內有沒有汙垢堆積，必須將攝影器具深入到水管內才能確認。

如果想確保驗屋環節完整且確實地執行，我們可將建商所做的交屋前檢測視為第一防線，在這一道防線，建商會先幫我們把一些大問題抓出來；到了第二防線，就是買方自己，要確實針對房屋內的大大小小細節進行檢視、測試。在第二防線，應該已經可以挑出絕大多數的小問題；到了第三道防線，我們可以聘請專業的驗屋團隊，仰仗他們的專業能力與器材，幫助我們更嚴格把控屋況。

如果屋主自己沒有空，或是沒辦法親自到泰國驗屋，第二防線也可與第三防線結合在一起，由專業驗屋團隊代為驗屋。

專業的事交給專業的人做

如果想要省力省時，達到事半功倍的效果，強烈建議大家抓一點預算，在驗屋階段聘請專業團隊協助，幫忙把關屋子的品質，確保日後較不需要為了屋況問題而操心花錢。

在泰國，驗屋機構接到委託任務後，會與建商約好時間，派遣工程師到屋主的新家驗屋。驗屋機構有一套既定的檢查清單，上頭列出幾十項大大小小的檢查項目，工程師會依據這些項目，利用專業器材一一進行檢測。例如利用水分計檢測牆體內殘餘的水分，若水分含量過高，表示有漏水之虞；使用溫度計檢測冷房溫度是否與冷氣的設定溫度相符。

檢驗完畢後，工程師會開具驗屋報告，上頭刊載所有需要改善的問題。屋主再將此份報告送交給建商，要求建商維修改善。待處理完畢，驗屋團隊會再次進行第二次勘驗，針對第一次所提出的問題逐項復驗，再開具第二次驗屋報告。

一般來說，有專業的驗屋團隊把關，驗屋流程可以在 2-3 次內搞定。屋主可以透過驗屋團隊提供的驗屋報告，清楚了解屋子哪裡有問題，以及是否獲得改善。待屋主確認無誤，再辦理交屋手續，並支付尾款給建商。如此屋主往後無論是自住還是出租，皆更無後顧之憂。

　　說了那麼多，並不是要替任何一間驗屋公司打廣告，而是希望大家明白一個道理：術業有專攻。把專業的事交給專業的人處理，可以省時、省力，並達到更好功效，何樂而不為？

買屋送驗屋？

泰國驗屋服務的收費方式以屋子大小計算。一般來說，一平方公尺約 300-400 泰銖左右。

有不少仲介公司會打出「買屋送驗屋」的好康優惠，吸引買家上門。這部分建議大家要特別確認清楚，仲介公司所送的驗屋是誰去驗？怎麼驗？

比較有規模的仲介公司送的驗屋服務通常會請專業的驗屋團隊進行驗屋；但有些中小型仲介公司為了搶客而打出的優惠口號，實際上是由仲介本人自己去驗，草草了事。

如果配合的仲介有送專業驗屋服務，建議可以請他們提供驗屋團隊資訊，以及過往驗屋的案例、是否會提供驗屋報告，以釐清所贈送的驗屋服務是否可靠。

驗屋 OK，過戶細節也要格外留意

驗屋確認沒問題後，接著就要進行過戶，過戶完畢房子就是你的了！

不過就算來到最後一個環節，還是不能大意。我們曾經碰到客戶急忙地找我們，說他的房子不僅被建商拿回去，連之前付的款項也都拿不回來。因為他疏忽了交屋日，在建商指定的交屋期限後才發覺，因此被建商認定違約，多年的等待與付出，通通付諸流水。

我們肯定不希望這樣的事情發生在我們身上，因此，在驗屋完畢進入到交屋與過戶的環節，還是要注意一下以下幾點事項：

泰國購屋交屋前付款及過戶注意事項

【付款】

1. 一定要有 FET（Foreign Exchange Transaction）： 我們在本書第二章已經有提醒，在泰國購屋，所有款項務必要以外匯形式從境外匯入泰國，且不能匯泰銖。來到最後交付尾款的時刻，同樣也要以外幣的方式匯款，才能取得 FET。有了 FET 證明文件，才能到土地廳辦理過戶。

2. 備註寫清楚： 交付尾款時，需要按照建商要求備

註完整，包括建案名稱、具體房號，以及業主姓名。通常下訂成功後的訂單裡，或是交屋郵件中都會有完整的備註語句，買方只需要將具體房號和業主姓名填入，然後在匯款備註時照抄即可。

【過戶】

1. 要有 3 個月內入境泰國的紀錄：根據相關過戶規定，如果要拿到權狀完成過戶，必須要出示 3 個月內入境泰國的護照紀錄，才能順利完成產權轉移。

2. 可委託代辦公司協助過戶：只要準備好以下資料，就算人不在泰國，也能請代辦公司協助過戶：

a. 護照影本（並簽名）

b. 3 個月內入境泰國的入境證明（護照蓋章頁）

c. 泰國銀行提供的資金轉賬或外匯交易表（FET）

d. 過戶授權書（需有大使館或領事館證明）

另外提醒，如果買的房子是租賃產權，要特別留意合約記載的租賃年限，以及可以延展幾年。

一般來說，建商向政府或是皇室租賃的土地都是 90 年為限，經過囤地、設計、開發、銷售、建造等環節，

待買方實際拿到房子時，該土地的租賃產權期限可能只剩75 年左右。而建商與買方簽定的合約，單次最長期限是30 年，通常可延展 2 次，至多增加到共 90 年租賃權。買方可以在每 30 年期限屆滿前，向建商提出延展申請。

驗屋完畢、過戶完成，恭喜你終於擁有了泰國的房子！接下來無論是自住還是出租，都會需要考量裝潢。如果自己住，可任憑你的喜好，自由裝潢與添購家具家電，甚至要直接拎著一只皮箱住進去也不是問題。但如果房子是要出租的，則裝潢與否會直接影響到出租難易度。

尤其泰國租屋市場競爭激烈，還要考量到租客可能來自不同國家，租給泰國人或是歐美人、日韓人、中國人，甚至房屋是拿來短租、日租還是長租，需要考量的裝修內容與風格都不一樣。關於房屋出租牽涉到的室內裝修課題，我們在第八章將會詳細探討。

下一章，我們會帶大家了解買來的房子該做哪些維護，以確保我們的房子處在最佳狀態，並節省修繕開銷。

賞屋不能純欣賞，要問對重點

大老遠跑到泰國看房子，卻不知道該問業務員什麼問題？很多客戶跟我請教過，到底該問哪些問題，才能避雷，同時保障往後購屋的權益？

以下我以預售屋與新成屋分別列舉該問的問題，這些問題在本書各章皆有探討過。大家可以把這張表當作詢問代銷人員的依據，只要問了就打勾，幫助大家釐清哪些問題還沒問。

【預售屋】

● 這個案子的銷售狀況如何？賣出幾成了？

● 本建案是否已經拿到 EIA ？若無，預計何時可以拿到？

● 你覺得這個物件最大賣點有哪些？未來租售前景如何？

● 你覺得這個物件最大的缺點是什麼？

● 本建案是否有可能提前交屋？或延後交屋？如果延遲交屋，建商會有哪些補償措施？

● 買房會包含哪些費用？大樓管理費和維修基金是多少？

● 本建案還有議價空間嗎？付款方式是否有商量的空間？

● 如果交屋後發現屋況有瑕疵（如牆壁龜裂、漏水等等），貴公司會如何處理？

● 本物件交屋後保固多久？

● 交屋後建商或物業是否有團隊負責房屋租賃和轉售，費用多少？

● 是否可以養寵物？

● 建商倒了怎麼辦？

【成屋／中古屋】

● 本物件已經完工幾年了？

● 本物件轉手過幾次？

● 本物件是否有什麼瑕疵？

● 本物件是否仍有租客？過往租期大約都是多久？

● 本物件的價格是否還有議價空間？

● 屋主接受怎樣的付款方式，是否有商量餘地？

● 若交屋後發現有瑕疵，該找誰負責？室內家具家電的保固期還剩多久？

● 房屋是否有未還清的貸款？房屋水電費、管理費、網路費等各種費用是否已經結清，還有沒有拖欠未繳的帳單？

● 付清全款後，大概什麼時候可以交付房屋？

● 是否可以養寵物？

第七章

房子買來放著不管，當心後患無窮

　　我有一個客戶在疫情剛開始沒多久，於曼谷買了一間房，他打的如意算盤是，等疫情過後，就要不定時去曼谷玩，把那間房當度假宅住。誰知道疫情一來就是三年，等到他再有機會去曼谷時，已是三年多後了。

　　他到曼谷沒過幾天，就打了電話來，我心想，或許是要找我吃飯，於是開心地接起來。沒想到，電話那頭的他，發出著急的聲音：「Tank，我第一次來到我的新家，沒想到屋裡許多地方都發霉，陽台都是鳥屎，甚至壓縮機後面還有一個鳥窩！不僅如此，不知道是不是因

為洗衣機太久沒用，洗出來的衣服充滿臭味，害得我得去外面找自助洗衣。你說我該怎辦啊？」

聽著他訴說這些問題，我心裡想起當時他剛成交這間屋子時，我便提醒過他，屋子還是要定期維護管理，才能確保日後居住品質。但他認為大樓公寓不會有什麼問題，加上疫情期間也不方便親自過來打理，便沒了下文。

我當然希望每一個客戶、朋友買來的房子都能住得開開心心的，或是都順順利利地租出去。但是往往很多人會忽略其中一個重要環節：維護與管理，畢竟房子只要空著長達一段時間，或多或少會出現一些問題。本章節要告訴大家買到房子該怎麼維護管理，讓房子一直處在最佳的狀態。

房子維護與管理的特別注意眉角

在泰國，如果購買的是公寓其中的一戶，公共空間會有物業管理公司負責維護。像是大廳、電梯、走

廊、公共設施等等，這些物業管理公司都會聘請清潔公司負責打掃，如果有設備損壞，也會由物業管理公司請人修繕。

對屋主來說，只要關注自己屋內的屋況即可。一般來說，會提醒大家特別注意以下幾點事項

● 水

無論是廚房流理台、浴室洗臉盆、淋浴間、馬桶、陽台，只要有接水管的地方，都有可能會有漏水問題。但這些問題不見得立即出現，有可能是過一段時間才發生。因此需要時時留意、檢查。此外，前述例子的水質問題，也是房子空置一段時間有可能發生的問題，最好是能定期讓水流通，避免水沉積在水管內，影響水質或產生異味。

● 冷氣

冷氣使用了一段時間後，如果出現不冷，或是漏水問題，有可能是排水管遭到異物阻塞，或是冷氣機本身出現問題（包括冷媒不夠，或沒有定期清洗冷氣機）。通常冷氣都是由建商贈送，會有一年的保固。若

真的碰到問題，可以向物業管理公司申請維修，如果還在保固期內，無須支付維修費用。

● 門櫃

如果長期沒有住人，門櫃有可能發霉，導致櫃體損壞；或是長期使用下，門的絞鍊可能鬆脫，或是出現門片無法對齊闔上等問題。

● 木地板

泰國的天氣相當炎熱，尤其夏天，太陽十分毒辣。如果沒有加裝窗簾，陽光直射木地板，木地板很快就會變質，輕則變色，重則鼓起、裂開。

此外，木地板也要當心白蟻蛀蝕，泰國的白蟻危害嚴重。我們曾經有客戶因為疏於保養，得花 6、7 萬泰銖修理被白蟻蛀蝕的木地板，相當於半年房租收益。

● 附贈家電

只要是帶電的產品，使用中都有可能發生故障的情形。像是微波爐突然間無法運作；電冰箱變得不冷。這些問題無法確認何時會發生，但如果能定期使用，避免電器長時間空置，也能拉長電器的使用年限。

上述的這些注意事項，如果任何一項發生問題，該怎麼辦？在泰國，公寓內的大小問題，都可以請物業管理公司協助排除。這部分要分兩部分探討：

● 非人為：在保固期內，基本上是不收費的；過了保固期，則會對住戶酌收維修費用。例如櫃子門掉下來、冷氣突然不涼了、地板邊緣翹起來等，這些非人為損壞的問題，物業管理公司都有責任幫忙解決。

● 人為：只要是人為因素導致家具、家電損壞，無論是保固期內或已經過了保固期，物業管理公司雖然都會幫忙處理，但會酌收費用。例如自己不小心在門上劃出一條長長的刮痕，物業管理公司會派人協助修理，但會收費。另外要注意，特定大型家電品牌只要派員登門檢查，無論電器有沒有問題，都會收一筆檢查費。

雖然大樓的物業管理公司可以協助維修家具、家電，但由於整棟大樓住戶眾多，申請維修難免需要等待一段時間。戶數愈多，要等的時間也就愈長。此外，泰

國行事效率與台灣略有差異，遞出申請可能要多等一段時日才能收到回覆。這些都是無形中的投資成本，務必計算清楚。

公寓大樓販售時就會搭配大樓物業管理一起賣

在泰國，建商要賣你公寓時，會連同物業管理一起包含在內。也就是說，當屋子建好，開始交屋時，就會有物業公司進駐，幫忙打點公寓的公共空間大小事。

而物業公司有幾個特點，大家不妨了解一下：

● 豪宅的大樓物業管理費用較高

一般公寓的管理費可能一平方公尺 50-70 泰銖左右，但豪宅可以到 100 泰銖以上，為什麼？主要原因在於豪宅的建案戶數較少，但整棟公寓還是要有足夠的人力維護，在成本相同，甚至更高（有更多公設、更高標準的清潔）的情況下，每一戶所攤提的物業管理費也就更高。

● **物業管理公司也有分等級**

前面提到，建商在販售公寓時，就會搭配物業管理公司一起賣。而隨著建案等級不同，建商也會搭配不同等級的物業管理公司。在泰國來說，較知名的物業管理公司有世邦魏理仕（CBRE）、仲量聯行（JLL）、第一太平戴維斯（Savills）、高力國際（Colliers），或知名星級飯店品牌等。

● **知名物業管理公司加持可拉抬建案好感度**

名氣較不響亮的建商，如果想要拉抬建案的吸睛程度，其中一個做法就是與知名物業管理公司合作，利用物業管理公司的好名聲與名氣，增加建案的賣點。

自主維護管理，挑戰不少

看完以上的內容，大家應該可以明白，雖然我們每個月都會繳一筆管理費給大樓物業管理公司，但這不代表我們就不用維護自家的空間喔！

我們有遇過不少客戶，十分抗拒將自己家交給別人幫忙維護，理由是：不想多花一筆錢。這我完全理解，畢竟任何一筆支出都是成本，從出租的立場來看，維護管理費會蠶食掉一部分的租金投報率。

然而，如果一切要靠自己維護管理，可能會碰到不少挑戰，舉例來說：

1. 距離挑戰

如果屋主也住在泰國，那還算好辦。但如果不是，若屋子出現什麼問題需要及時處理，麻煩就大了。像是我們曾碰過一個客戶，他的租客某天突然消失了，怎樣都聯繫不上，直到他飛過去泰國，看到屋子狀況，驚訝到說不出話來。因為屋內能搬的東西，通通都被那個租客搬走。事實上，管理室有試著聯繫他，跟他說租客怪怪的，一直把屋內東西搬走。但他人在台灣，沒能及時看到管理室的留言。

2. 溝通挑戰

除了距離是個問題，溝通上更是一大挑戰。拿到屋

子後，無論是裝潢、購買家電家具、安裝家電、維修家電等等，都需要跟當地人或是物業管理公司溝通。縱使有些物業管理公司會配有講英文的人，但畢竟英文不是我們的母語，文化差異容易造成溝通誤解。

3. 帳單繳費挑戰

假設自己管理，屋子又空著的話，信箱裡會塞滿各種帳單。就算不住在那裡，每個月也會收到基本電費帳單。如果沒有申請電費線上繳納，且超過指定時間沒有繳款，不但會產生利息，電力局還會採取停電措施，同時上門拆除電錶。之後若要重新入住或是出租，必須親自到電力局支付欠費與罰息，同時再支付一次電錶安裝費，電力局才會派人重新安裝電錶。這段期間，屋主或是租客將面臨無電可用的窘境。

除了電費逾期會被拆電錶，物業管理費欠繳，也不是開玩笑的。如果積欠管理費過久，物業管理公司有權要求償還管理費與罰鍰。

此外，每年的稅單都會寄到房屋所在地的信箱。假

設屋主沒有即時拿到稅單、繳費，而錯過了繳費時間，
之後就得親自跑一趟當地政府部門繳費，而且還得用泰語
溝通。

還有些人會寄放備用金在大樓管理室，由大樓管
理室直接從中扣除管理費。然而經常會發生管理員記錯
帳，或是將錢搞丟的情形，導致管理費沒有按時繳納，
引發後續種種問題。

上述這些挑戰說明了一件事，屋主要自行維護管理
在泰國的屋子，真的要付出相當多心力與成本。但，如
果這一切都交給代管公司，煩惱一下子就都沒了。

找代管公司省麻煩又高效率

以泰國來說，早在幾十年前就已經陸陸續續有海外
投資者到泰國買房出租了，這麼多年下來，代管的服務
體系已經發展得相當完善，市場上也有不少「代管公司」
（或稱託管公司）。這些公司可以幫外國屋主打點屋子的大

小事，完全不用屋主親臨現場。

　　有客戶問我，代管公司可以提供什麼服務？我說基本上你能想到的服務，代管公司都能提供。像是代管公司可以用最快速的方式解決屋主或是租客遇到的房子狀況；可以用泰文直接與物業管理公司、第三方廠商溝通，增加處理效率；幫忙繳納大多數的帳單與費用，避免屋子被停水斷電。甚至，如果屋主在當地碰到什麼困難，例如交通接駁、旅遊行程安排，有些代管公司也能協助處理喔！

　　除了上述這些服務，代管公司也會提供相當基本的清潔服務，以及房間物品清點（避免被租客偷走）等等。

　　這些服務並不是很昂貴，以單純代管來說（不包含代租），代管費用通常是每個月租金的 10%-15%（也有部分公司會按照房屋面積計價）。例如你的屋子租別人一個月8000 泰銖，請了代管公司幫忙管理，一個月只需付給代管公司約 800-1200 泰銖左右。

　　值得一提的是，因為有愈來愈多外國人到泰國買賣

房地產，有些大樓物業管理公司甚至會委外代管公司，幫忙處理與外國人相關的事宜。這樣的服務可以說是相當加分的喔！

	自己維護管理	代管公司管理
優點	●表面上成本較低。	●省心、省力、省時、省錢。 ●免去語言溝通障礙。 ●問題排除效率較高。 ●處理不良租客更有經驗和手段。 ●房屋維護成果更良好。
缺點	●缺乏泰國社會資源。 ●溝通成本高。 ●瑣事雜事勞心傷神。 ●缺乏經驗易發生不可控支出。 ●如人不在泰國，房屋無人打理。	●一次性支付費用高。 ●需尋找可信賴的公司。

▲自己維護管理與請代管公司管理優缺點比較。

申辦銀行帳戶，碩盛國際不動產也幫得上忙！

碩盛國際不動產對於與銀行的金錢往來程序相當熟悉，也可陪同屋主前往銀行開戶，讓屋主獲得自己的泰國銀行帳戶。就連需要泰國當地手機門號才能申辦的銀行 App 帳號，碩盛國際不動產也可以幫忙屋主定期繳納手機門號費用，確保手機暢通，也能隨時遠端利用銀行 App 進行匯款、繳款等事項。

要格外留意的是，並非每一間代管公司都有能力協助外國客戶在泰國開戶，尤其現在泰國銀行對於為了買房而開戶的外國人審查得更加嚴格。

好不容易買到的房子，需要細心呵護，才能維持在最佳的狀態，無論是自己住還是租給別人，住的人都能感受到屋子帶來的溫馨與舒適。

本章節主要談了維護與管理，自己來跟委請代管公司有何差異。並不是說自己來就全然做不好，如果有時間、情況許可，要自己管理也不是什麼問題。只是站在我們服務過眾多客戶的立場，我們認為請代管公司可以帶來更高的效益。

下一章要進入到出租的環節。相信有許多人到泰國置產的主要目的都是出租賺租金。下一章將會有非常完整的論述，請跟我們繼續看下去吧！

第八章

出租泰國房產怎麼做？
看完本章包你輕鬆搞定

　　本書的一開始就有提到隨著泰國經濟發展起飛、外國產業移入，加上就醫與就學的需求節節升高，民眾對於居住的需求也跟著提升，從而拉抬了泰國租屋市場。

　　根據我們觀察，有很多人到泰國置產的目的是為了將房子租出去、賺取租金。但有些人賺得到，有些人卻賺得很辛苦，還有些人不僅沒賺到，還賠了一筆錢。到底要怎樣做，才能確保在泰國出租房屋能真正賺得到錢，而且不必太辛苦？本章節將從出租前、中、後帶大

家徹底了解箇中眉角。

出租前準備工作：善加包裝、訂定合理金額

在泰國出租房屋前需要做的準備工作，大抵上可以分成三大階段：

包裝 → 訂定租金 → 行銷

一、包裝－裝潢與家電家具配置

在泰國如果想要順利將房子租出去，讓租客輕鬆拎包入住，門面功夫是不可少的。也就是說，不僅要把房子打點得乾乾淨淨，甚至要有一定的風格，該有的家具家電也都不能少。以下是裝潢基本原則：

● 細緻裝潢

泰國人喜歡有裝潢過的房子，所謂裝潢過是指帶有特定風格、設計感，而非僅是全室白色油漆，搭配建商附的櫃子而已。以近年來泰國流行

的風格來說，無論是日系無印風、韓系奶茶風、簡約輕奢風都很受歡迎。挑選一種風格，搭配對應的油漆色調、家具、簡單的擺飾品和軟裝，就能賦予空間全新意象，也更能吸引租客上門。

● 添購家電家具與鍋碗瓢盆

我們遇過屋主曾有在其他國家出租房子的經驗，他們認為無須替房客準備家電、家具。然而在泰國並不是這樣，建議添購生活必備的家電、家具和鍋碗瓢盆，比較容易受到租客青睞。

撇除建商一般會附的固定式家具，如衣櫃、吊櫃、櫥櫃、鏡櫃、面盆櫃等等，其他家具屋主也必須先幫房客設想好，像是鞋櫃、餐桌椅、沙發、電視櫃、床架、床頭櫃等等。最好裝潢得像是樣品屋一樣！

家電的部分，前面章節有提到，冷氣一般建商都會附，所以不必屋主購買。其餘家電如冰箱、洗衣機、電視、微波爐，都是需要額外添購的。其中微波爐尤其重要，因為泰國人普遍較少

在家下廚做菜，有微波爐可以大大提升房屋的吸引力。

　　如果你購買的物件位在較多西方外籍人士群聚的地區，則會建議購買洗脫烘三合一的洗衣機。因為大多數西方人習慣使用烘衣機烘乾衣服，如果屋子有配備烘衣機，對他們是一大吸引力。

　　此外，因為泰國一年四季炎熱，較少人有沖熱水澡的需求。一般泰國建商不會附熱水器，但如果屋主有配置的話，也會是一個加分項目。

● **燈光配置**

　　裝潢房子，有時候一幅掛畫、一種窗簾顏色材質的調整、幾瓶擴香、幾盞有設計感的燈具，就能大大提升房間的裝修品味。尤其是燈光，由於建商原始附的照明可能有所不足，而且大多數建案都是如此，導致屋內看起來較昏暗；或是照明太過強烈，缺少了溫馨的氛圍。建議可以添購幾盞活動式的立燈、桌燈，擺在屋子幾個角落，不僅可以補足室內照明，還可以提升屋子溫馨氛圍。

● 善用鏡面

以曼谷來說，普遍較受到青睞的房型還是以套房、一房一廳的房型為主。這類房型屋內空間較有限，如果想要讓空間看起來比較不侷促，可以善加利用鏡面反射原理，在局部牆面貼上鏡子，從而在視覺上有放大的效果。

泰國水電工費用高昂，建議裝潢初期就搞定水電事宜

我們都會建議屋主在裝潢期間就先設想好，屋內要多少插座、開關，以及燈具有沒有要調整。原因在於，泰國水電工的費用不便宜，如果前期沒有一次搞定，後期要再請水電工處理，會再額外付出一筆相當可觀的費用。舉例來說，我們有個客戶要加裝吊燈，請水電工來幫忙評估，對方報價光是拉一條電線（沒有藏在天花板或牆內的電線），大約 12,000 泰銖。

裝潢完畢後，別忘記仔細地清潔，任何溝槽、縫隙，都要清得乾乾淨淨地。唯有房屋看起來乾淨整潔，

才能吸引到租客前來看屋，甚至還能稍微拉抬一點租金。

如果房子順利出租出去，一般租客可能會要求屋主再進行一次全室深度清潔，包含冷氣室內機深度清洗（若冷氣是全新的，或是前一個房客退租時已清洗過則免）。為了讓住客住得舒服，這筆錢也是省不得的。

二、租金訂定－既符合市場行情且確保投報率的價格

就曼谷而言，租金投報率普遍落在 4-6% 上下。聽到這數字，就有客戶急著辯駁：「可是我聽其他仲介說有 7%-8% 啊！」確實在 2010 年到 2014 年這段期間，曼谷的租金投報率可以到 8%，然而隨著購屋成本提高，當今的租金投報率一般來說沒有辦法到 8% 這麼多。

但為什麼還是有這麼多人前仆後繼地投入曼谷房地產市場？原因就在於房地產終究是一個相對保值抗跌的投資產品，且放著收租，還能穩定帶來被動收入，也比銀行定存好。因此還是有滿多人在曼谷買房租人，賺取穩定收入。

那麼問題來了，租金價格要怎麼訂定才不會影響自

身的租金投報率？難道一味地追高，就能保證獲得相對高的租金投報率嗎？當然不是。我們看過許多客戶房屋租不掉的最大原因，就是租金開太高了。當租金高過該區域的市場行情，自然沒有租客願意當冤大頭。這反而導致屋主的房屋閒置，一毛錢都賺不到不打緊，還得不斷支出各種持有成本。

訂定租金價格，我們提供三種方式給大家參考，這三種方式建議互相參照、搭配組合，相信就能訂出合理又不虧的租金價格：

● 參考周遭房價與租金

這道理很簡單，卻很多人做不到。許多外國人在泰國出租房子，一直以「全屋租金」定價，藉此訂出他們覺得能賺到錢的租金價格。然而，泰國人租房子看的是每平方公尺的租金價格。如果你的全屋租金價格換算下來每平方公尺價格高於市場行情，自然會很難租掉。因此，建議多看看鄰近公寓大樓的租金行情，無論是上網查詢還是親自走訪詢價都可以。

● 詢問大樓物業管理人員

這個方法可能很多人不知道，但其實大樓管理員對於租金行情是有一定概念的。因為當屋主要將房屋出租，必須把租約提交給物業管理公司，所以管理員會知道整棟公寓的租金行情大概落在哪裡。

● 委請仲介、代租公司提供建議

假設自己真的難以訂出價格，也可以請託仲介幫忙訂價。仲介對於其專精的區域租金行情有一定了解，而且平時也會做市場調查，本身就有一定的資料庫，可以快速提供屋主訂價建議。

這些方法可以拉高租金？

相信所有投資者都希望盡量拉高租金，以提高投報率。我們確實可以透過細緻的裝潢，微微抬升租金；或是盡量放大房子的優點，如格局好、採光佳、景觀棒，也能稍微增加租金金額。但有些方法或是認知可能不見得與租金投報率呈現正相關性，例如：

● 豪宅的租金比較高，因此租金投報率也比較高？

確實豪宅的租金一定比一般房子還要高，但是租金投報率不見得高喔！因為豪宅本身的持有成本就不低，包含房屋總價高、管理費高、稅金高等等，當這些都算進成本內，就算租金再高，也多少被蠶食掉一部分的報酬。

● 樓層愈高，租金愈高？

樓層越高，確實能多多少少提高一點租金價格，畢竟高樓層的景觀較好，具有加分效果。然而，高樓層的房價也相對高，房價增加的幅度可能比不上租金增加的幅度，導致高樓層的租金投報率與低樓層相差無幾。

三、行銷──美美的照片與吸引人的文案

在這個網路時代，一間房子是否能吸引人，靠的是美美的照片與動人的文案。在泰國也是如此，如果在租屋網上的照片看起來昏暗又沒氣氛，文字描述也平淡無奇，甚至少得可憐，就會很難引起租客的興趣。

因此，我們會建議照片一定要拍得好。所謂好，就是至少光線充足、不要逆光、不要歪斜、不要有雜物入鏡等等。當然如果你對於自己的拍照技術不是很有自信，也可以委請專業攝影師幫忙拍。專業攝影師拍的照片往往會讓屋子看起來又大又氣派，雖然實際空間大小可能只有一房，但拍起來卻讓人覺得一點都不侷促。而且專業攝影師還會打光，讓屋子更加明亮，也更吸引人。

泰國有些代租公司會提供免費專業攝影服務，這部分的費用通常已經包含在整體費用當中。如果一開始就有請代租公司幫忙出租房子，不妨確認對方是否能提供專業攝影服務，並向對方索取過往範例。

而文案的部分，則是盡量以列點的方式將屋子的優

點通通列出來，也把泰國人在乎的事項擺在前頭，例如景觀佳、附有微波爐、全室全新裝潢等。

上述步驟都完成後，就可以把房子放到網路上了。較多泰國人使用的租屋網如 Hipflat、DDproperty 和 Livinginsider。

出租中關鍵環節：慎選租客、簽約

好的租客可以替屋主帶來穩定的被動收入；不好的租客則會替屋主帶來長久的擾人夢魘。

曾有這樣的案例，我的客戶的租客在完全沒有告知他的情況下「連夜潛逃」，說是潛逃，一點都不為過。因為他不僅沒有繳交那個月的房租，當我的客戶回去查看房子時，驚嚇到嘴巴闔不起來，因為當他打開家裡大門的那一刻，映入眼簾的是一團亂的一個家。

整個屋子就像被砲彈轟炸過，各種電器、家具損壞不說，環境更是髒亂無比。

雖說該租客留有兩個月房租作為押金，但重新添購家具、家電、以及清潔，所多出來的成本，根本不是那兩個月押金能補貼的。更不用提屋子接著得閒置一段時間，這當中造成的損失，也不是押金能賠的。

該名客戶當下立刻去報了案，但警察則表示，這種案件通常難以找到嫌犯，因為當屋主發現有問題時，該名嫌犯早就逃之夭夭。

為了避免這種情況，我們總是提醒屋主，要慎選房客。遇到有租客上門詢問、看房，固然值得高興，但可以先評估以下幾點，再決定要不要租給對方：

● **職業及合法簽證、工作證**：可以請租客提供名片，就名片上的企業名字與職位，評估該職業的穩定性與正當性，同時還可以稍微推斷一下對方的收入水平，是否足以支付房租。如果租客是外國人，則要請對方提供合法簽證、工作證。

● **信用報告**：若租客同意，可以請對方提供相關信用報告，裡頭會包含租客的信用情況，例如是否

有信用卡費逾期未繳等不良紀錄。通常信用良好的租客，較不會拖欠房租。

● **收入證明**：若租客願意，可以請對方提供收入證明，像是每個月的薪資條、固定的工作匯款記錄等等。從其收入狀況來推斷能否付得出房租。

若挑選的租客相當配合，願意提供上述的文件，而且看起來沒有問題，接下來就可以進入到簽約階段了。

在泰國，租屋合約有制式化版本，裡頭會詳細記載房屋地址、樓層、面積等基本資訊，同時還會有租屋期間、付款方式、違規處理方式等。除了這些，提醒大家，應該還要特別注意合約中有沒有記載以下事項，以避免日後爭議：

1. 押金金額：一般來説是兩個月的房租，但如果租客有異議，房東也願意商量，則可以另外明定。

2. 衍生利息：合約中應該要清楚訂定房客遲繳租金的話，需要如何處罰。最常見的方式就是要求租客支付利息。而利息要怎麼算，也要在合約裡寫

清楚。

3. 賠償事宜：簽訂合約時應該要把屋子內的所有家具、電器、擺飾等附加物通通登記在冊，並拍照或錄影記錄（通常代租代管公司會有人員負責）。當租客要退租時，再按照列冊一一清點，確認沒有任何缺少、損壞，並再一次拍照或錄影記錄。合約中應該要明訂，萬一有缺少或損壞，應該怎麼賠償，例如直接從押金扣，或是另外支付款項。

出租後注意事項：履行房東應盡義務

當房子租出去了，房東就可以無憂無慮地安穩按月收租就好嗎？現實中並非如此，因為不只房客有維持房屋完好無缺的義務，房東對房客也有應盡的義務，例如：

● 房東要正常按時繳納物業管理費，不然物業管理公司會向租客催繳而打擾到租客，或者暫停承租人使用公共設施、車庫、電梯等社區功能。

● 房東要維護居住品質，例如租客居住期間房間

內發生問題影響到租客的生活，房東有義務處理維修或安排人去維修。絕大多數情況下，自然耗損像是燈泡壞掉、水管堵塞或漏水，租客可以直接請物業管理公司維修。如果產生維修費用，且不能判定是租客人為損壞，該筆費用必須由房東繳納。

上述的義務，通常可以遠端進行，例如繳納管理費可以線上繳；房子出現狀況，可以委由物業管理公司幫忙修繕；房客房卡或停車卡遺失，則由屋主向物業管理公司提出線上申請。

此外，租客退租要搬走時，如果要搬走大型家具，物業管理公司如不知情，通常不會放行，而會聯絡屋主，確定是否允許大型家具搬出。所以如果租客要搬家，通常需要提前跟物業公司聯絡，取得類似通行證的許可，物業管理公司則會聯絡屋主確認情況是否屬實。

◈ 屋主不可無故提前終止租約

曾有客戶來詢問我們，說他的房子正出租給別人

住，但他急需用錢，要趕快把房子賣掉換取現金，能不能終止租約？

聽到這狀況，我們很明白地告訴他，房東在任何條件下都不可以無條件解約，除非租客違約在先，並且經過多次勸告仍不改善，房東才可以解約，並報警處理，甚至訴諸法院強制驅離。

那麼，什麼情況下，房東可以解約呢？可以參見以下幾種情境：

● 租客不按期繳交租金

如果租客不按期繳交足額租金，經過多次催討，仍持續拖欠，超過一定時間（通常合約會記載不可拖欠超過多久），就可視租客違約，房東有權解約。

● 租客擅自改變房屋用途

所謂改變房屋用途就是如果房東租給租客是提供「自住」使用，但租客卻私自將房屋轉租給別人，或是將房屋用於其他用途，例如事務所、工作室等等。若被房東發現，也是有權可以解約。

● 租客失聯

當任何方法都無法聯繫上租客，而且超過了租約期限，租客又不付租金的情況下，房東可以到法院向該名租客起訴，由法院判決強制解約。

除了上述三種狀況，房東在租約尚未到期前，可以試圖與租客協商能否提早結束合約。不過房東很有可能得支付租客雙倍押金，才能終止合約。若房客不願意，房東也只能等到租約到期，合約失效，再將房子收回己用。

另一個問題來了，如果房東確定不再續租給租客，需不需要提前告知？

這部分就要按照制式化合約內容而定，假設合約載明房東要解約必須在租約到期前 30 天以上告知，則房東就必須遵守這個期限規範。

如果房東願意續租給房客，房客也有意繼續承租，則雙方必須在合約終止前重新簽訂一份新的合約，重新載明租賃起訖日。

自己出租，還是交給代租公司？

在泰國租出房產，固然可以自己來，但是看完上述內容，你是否產生一股不確定、沒把握的感覺？事實上，如果整個租屋流程都想要自己搞定，可能會碰到以下挑戰：

● 裝潢挑戰

前面提到，裝潢好與壞，會關係到房子好不好出租，以及出租的價格。一般外國人可能不是那麼熟悉當地市場喜好，因而做了不合適的裝潢，而影響到租金價格。我們曾遇過兩個案例，在同一間大樓，戶型相同，一間有請專業設計師裝潢設計，另一間則是屋主自己拼拼湊湊 DIY。雖然兩間都有順利出租，但請設計師設計的那間租金硬生生多了 20%。

● 訂價挑戰

在不了解當地市場狀況的情況下，外國屋主自行開價可能會高於或低於市場行情。無論哪一種，對於屋主本身來說都不是好事。開價過高可

能租不出去；開價太低則會侵蝕投報率。

● 曝光挑戰

一般外國屋主想要曝光自己的房子，無非就是放到各大租屋網。然而，並不是所有泰國當地人都是透過這些網站找房子，有些是直接委託仲介，或上仲介的官網查詢。

● 租客挑戰

租客百百種，外國屋主在無法親臨現場的情況下，或是沒有任何背景調查，可能會不小心租給雷租客，衍生更多問題。

看到這邊，你是否會想，自己弄裝潢、包裝屋子、找租客，也太麻煩了吧？其實跟維護管理一樣，泰國也有專門的代租公司，幫忙處理租屋大小事。像是代租公司可以依照屋主預算，打造最受當地人喜愛的裝潢；代租公司在當地深耕較久，可以在不蠶食屋主的利潤下，提供一個合理又對屋主有利的租金價格，同時在多方管道曝光，加快出租速度；代租公司遴選租客也會較嚴謹，幫助屋主過濾不良租客。

	自己出租	代租公司幫忙出租
優點	● 表面上成本較低	● 可按照最符合當地人喜好幫忙裝潢 ● 對市場租金價格熟悉，可訂定利潤高的價格。 ● 曝光管道多元，加快房子出租速度 ● 替屋主篩選租客 ● 對租屋法律流程熟悉
缺點	● 缺乏泰國社會資源 ● 溝通成本高 ● 裝潢可能做白工 ● 對市場租金行情不熟悉 ● 較少曝光管道 ● 對租屋程序較不熟悉	● 一次性支付費用高 ● 需尋找可信賴代租公司

▲自己出租與請代租公司的優缺點比較。

泰國房東常見 5 大 Q&A

本章結尾前，我們特別整理了 5 個剛成為泰國房東

的人會有的問題，幫助大家快速釐清：

1. 請代租公司協助出租房子，要花多少錢？

一般來說，租賃仲介費依據簽約年數有所不同。

● 簽約一年：收取 1 個月租金。

● 簽約兩年：收取 1.5 個月租金。

● 簽約三年：收取 2 個月租金。

簡而言之，屋子順利租出去，代租公司才會收仲介費。合約到期前，每續約一年，則再酌收 0.5 個月租金。

2. 在泰國出租房子所獲得的租金收入需要報稅嗎？

按照泰國法律規定，無論泰國人或是外國人，只要因為出租房屋而有收入的話，就須繳納租金稅，租金稅為 12.5%。除此之外，很可能還需要再繳納一筆收入所得稅。

年收入在 15 萬泰銖以下免稅；15-30 萬泰銖，稅率 5%；30-50 萬泰銖，稅率 10%；50-75 萬

泰銖，稅率 15%；75-100 萬泰銖，稅率 20%；100-200 萬泰銖，稅率 25%；200-400 萬泰銖，稅率 30%；年收入 400 萬泰銖以上，稅率則為 35%。

不過在泰國不論是泰國人還是外國人，除了特殊情況外，很少對自己的房租收入主動去報稅的。這是因為在泰國租房並不需要登記，所以政府也從無查起，進而形成了泰國全社會的市場潛規則，也就是房租收入不用納稅，基本上也無人為此納稅。

3. 聽說泰國家具家電配送的效率較低，會不會導致房子空著等家具家電進來？

建議在辦理交屋手續前，就可以逐步開始構思裝修方案。由於驗屋過程可以進行屋內丈量，這時就可以與設計師或是配合的廠商一起訂定室內家具規格，並可逐步下單所需的家具與家電。等到驗屋完畢、順利交屋拿到鑰匙，就可直接動工裝潢。裝潢結束，家具家電也差不多送來了。

像這樣提前佈局和等到交屋後才敲定裝修方案

和風格的兩間房子，兩者之間的閒置期會相差三、五個月、甚至半年之久。

4. 什麼情況下可能導致房子租不出去？或是難以開個好價格？

大家都希望自己的房子能開個好價格，但以下四種情況可能導致房子難以開個好價格，甚至比較不好租出去：

（1）租金過高：房東把租金價格訂定得太高，嚴重偏離當地市場的價格水準。

（2）房子有缺陷：像是公寓距離 MRT、BTS 比較遠；房子處於中低樓層，視野受阻擋；又或者房間格局不佳。

（3）裝修不佳、家電家具不齊全：裝修不符合當地租客的需求和審美觀，還有該買的家電家具沒有買齊全。

（4）篩選租客的條件太過嚴苛：例如有些屋主只租給家庭客，而不租給單身租客；有的屋主不租給養寵物的租客；有的屋主不租給單身男性，只

租給單身女性；有的屋主不租給泰國人，只租外國人，而且對外國人的國籍還有要求，只限日本或者歐美人。

屋主如碰到以上四種情況，可逐步調低租金，測試租客接受度。

5. 身為一個外國人房東，泰國租客會不會不敢上門？

完全不會，非但不會，泰國本地租客還很希望自己的房東是外國人，因為泰國人對外國人友好，也十分喜歡外國人。很多人還會以自己的房東是外國人而自豪。

在泰國當一個房東，說簡單不簡單，說難不難。對很多人而言，可能更在乎的是「麻不麻煩」。大家的時間都很寶貴，如果需要時不時騰出時間處理房客遇到的種種問題，甚至是遇到惡房客，而導致更多損失，恐怕是大家都不樂見的。

也因此，多數海外屋主會聘請專業的代租機構，協助處理出租的大小事。甚至連買賣都委由仲介經手，省去頻繁來回泰國的時間與金錢。

　　下一章，也是最後一章，要跟大家分享，從買房到出租、管理、乃至賣房，可以怎麼做更省力，並確保獲得最大利益。

跨國投資房地產，讓專業的人助你一臂之力！

我們發現，愈來愈多人對泰國房地產市場感興趣。如果你有關注新聞，應該也會看到不少名人到泰國置產的消息。這顯示出，泰國房地產市場真的相當熱門。

然而，這些名人們從買房到出租都是自己一手包辦嗎？可不見得。就我們的經驗來看，許多名人因為工作忙碌，無法抽出時間親自到泰國處理置產大小事，因此大多委由專業的仲介公司代為處理泰國置產大小事。

為什麼這些名人願意把牽涉到鉅款的房地產投資事宜交給仲介公司呢？

俗話說，「內行看門道，外行看熱鬧」，如果要對泰國房地產市場瞭若指掌，且避開前面章節提及的各種風險與陷阱，可能需要花費相當多時間與心力鑽研。這也是為什麼許多人來到泰國投資房地產，選擇的是透過仲介處理，而非親力親為。

本章將深入探究，將投資房地產這門「內行功夫」，交給專業的人，對於各位投資人有何益處。

買賣房產階段：嚴選物件，挑到心坎裡

客戶 A 委託我們幫忙找房子，我們了解他的需求是置產出租，但將來退休後可能房子會收回來自己住。距離他退休還有 5 年多時間，於是幫他找了 BTS On Nut 站的幾個物件，此處不僅深受當地人喜歡，更位處曼谷蛋黃區邊緣，生活機能佳，無論要就醫、購物都十分便利。客戶 A 看了兩間房後，就決定了其中一間。距離 BTS 站步行只要 5 分鐘，且旁邊就有大型超市，讓他喜歡不已。

到泰國買房，固然可以自己上網找，甚至親自到泰國去代銷中心詢問也可以。但是來往泰國的機票、住宿費都是成本，而且誰能保證一次就能找到心儀的物件？有可能得飛好幾趟、跑好多個區域，才看到一間中意的房子

也說不定。

不僅如此，自己找房還可能會碰到以下幾項挑戰：

● 被業務的花言巧語迷惑，而衝動購屋。

● 對區域認知不深，導致買到將來不好出租或出售的房子。

● 對泰國市場不熟悉，可能買貴或是買到 CP 值低的房子。

這幾項挑戰如果換作專業的仲介面對與處理，一切都不成問題：

● 仲介可以協助客戶理解購屋目的與需求，並提供專業建議、協助挑選適合的房子。例如買家要挑一間自住宅，且希望離醫院近，則仲介會針對此需求，將符合條件的屋子通通攤在買家面前，並針對不同物件給出利弊分析，幫助買家作出最合適的選擇。

● 仲介可以憑藉對區域的研究，提出適合不同區域的購屋策略。舉曼谷為例，曼谷幅員遼闊，針對

蛋黃區購屋的話，不同區域有不同的市場環境，需要個別探討。

● 仲介可以就對市場的深刻認知，篩選價格合理的房子，甚至代替客戶向屋主議價。以曼谷來說，中古屋交易熱絡，但價格並不是很透明，海外買家很有可能買貴或是買到瑕疵屋。這方面仲介經驗較豐富，也對於區域房價較了解，可以代買家仔細檢查屋況、甚至議到一個好價格。

除此之外，仲介還可以就法律和金流匯款方面給予客戶專業諮詢，例如合約簽訂。同時幫助客戶避免踩雷，挑到地雷建商或建案。

若客戶之後房產要賣，委託仲介還能加快賣出速度。因為仲介可以：

● 幫忙包裝美化物件，讓中古屋看起來一點都不中古。

● 訂定合理又不失利潤的市場價格。

● 奠定於買屋時的謹慎考量，賣屋時更加容易。像是買在交易熱區，賣屋時就不怕賣不掉。

出租與維護管理階段：細心服務，皆大歡喜

> 客戶 B 的曼谷房子空了很久都租不出去，來找我們協助後，我們評估了其屋子租不出去的原因，有裝潢不佳、該有的小家電沒有、開價高於市場均價等問題。這些問題在我們專業團隊一一調整之後，原本空置半年的屋子，不到一個月就租出去了，且租金沒有低於屋主預期太多，屋主相當開心。

在泰國，買來的屋子要自己出租，得花相當多的精力，像是布置裝潢、添購家電等，更不用提招租、帶租客看房等繁瑣流程。有些海外屋主甚至不知道得裝潢、買家電，還開了一個高於市場的價格，最終導致屋子空置，不斷增加持有成本。

如果想要自己出租房子，就有可能面臨上述的問題，如果把這些問題交給專業的代租代管公司，如同我們在前一章所分析的，一切都不成問題。

除此之外，代租公司還有以下幾項服務，能幫助屋主更快出租房子，同時減少麻煩：

● 法律層面專業建議，例如合約內容的簽訂。雖然泰國租屋有制式化合約，但合約本身是泰文，外國屋主不見得看得懂。此外，如果屋主或是租客想要增加規範，也會需要專業的法律諮詢。

● 有規模的代租公司備有會泰文、中文、英文的服務人員，可以消弭語言隔閡。連同上述提及的合約問題，都能一併解決。

● 美化房子既有的缺點，讓缺點成為優點。例如屋子格局較狹窄，或許可以利用軟裝，放大屋內視覺效果。

● 代租公司的行銷團隊可以在各種管道大量曝光、行銷屋子，增加看屋人數，從而增加出租機率。

　　除此之外，在泰國，代租公司的房源通常更吸引當地人關注。因為當地人都知道，代租公司處理的房子屋況更好、配備更齊全。

　　再者，無論房子要不要出租，都會碰到管理上的問題。自己管理可能面對的挑戰，我們在第七章已經詳述了。這邊要再次強調的是，交給專業的代管公司，可以

帶來的好處：

● 代管公司幫忙打理房子，確保房子隨時處於可以住人的狀態，屋主完全不用自己動手打掃維護。

● 遇到租客欠租、屋況發生問題，代管公司會立即處理，無須屋主出面。

● 代管公司會提供完整的月報告給屋主，帳戶收支、屋況等細節都一目瞭然。

好仲介助你開闢投資新契機，坐擁穩定報酬

客戶 C 找了一個包租代管的仲介，幫忙處理租屋與房屋管理事宜。起初都一切正常，客戶 C 都有穩定收到房租。但從某個月開始，他發現房租沒有正常入帳，於是他發了訊息給仲介，沒想到仲介不讀不回，貌似已經將他封鎖。接著他親自發信到物業管理公司，對方回應，該屋子早就空置一個多月了。他才驚覺，自己遇到了地雷房仲。

本章要告訴大家：「專業的事情，就找專業的人處理！」

找專業的人處理不僅可以省時、省心又省力。而且，我要特別提醒，在泰國，有些人會假冒成專業的人來欺騙你。因為泰國房仲不像台灣需要具備專業證照，任何人都可以提供買賣房產、代租代管等服務。

面對如此環境，我們能做的是審慎挑選真正有專業、有道德、有信譽的仲介。怎麼做？不妨按照以下六個要點來挑選：

1. 仲介公司的成立年份和營運歷史：基本上能在泰國營運超過五年以上的公司，就算是有一定可信賴度。

2. 仲介公司的規模：規模愈大，專業分工愈細緻，服務也就愈周到。

3. 仲介公司往年業績和成功案例：成功案例愈多，代表公司服務愈受到肯定。

4. 仲介公司從業人員的專業素養和服務意識：從口

頭、書信往來就可以看出專業度與素養，更可以察覺服務態度與積極與否。

5. 仲介公司的行業口碑和其服務過的客人給予的評價：口碑愈好，連物業管理公司都會給予正面評價。

6. 仲介公司的操作流程和手續是否合規合法：若仲介公司企圖引導你規避法律，或遊走於法律灰色地帶，那就要當心了。

◈ 一條龍服務幫你從頭到尾辦到好

你是否會覺得買賣、租屋、管理要找不同的仲介，真的好麻煩？其實市場上有專業的一條龍服務可以選擇喔！

碩盛國際不動產從買賣、租賃、管理，提供客戶一條龍的服務，只要委託給碩盛，就能省去各個環節所需付出的心力。而且，從前述的六個要點來看，碩盛無一不吻合：

1. 深耕泰國市場多年：碩盛擁有超過十年的泰國房

地產營運經驗。

2. 跨國規模營運：碩盛不僅在泰國本地成立公司，甚至在亞洲多個國家都有分公司。

3. 與當地上市建商合作：碩盛服務過的全球客戶成千上萬，更獲得泰國當地上市建商青睞，欽點為合作伙伴，提供銷售與售後服務。

4. 分工專業細膩：碩盛從行銷、買賣、售後、乃至於簽訂合約、裝修、管理等等，都有專業人員提供客戶服務，絕非坊間小公司「一人當十人用」。

5. 協助買家開戶：碩盛與部分泰國商業銀行建立策略性合作。在外國人開戶日益困難的情況下，仍能有效協助買家開立泰國銀行帳戶。

6. 有口皆碑的服務：碩盛服務過眾多客戶，不少客戶都會一傳十、十傳百，替我們帶來更多客戶，也讓我們有更多服務的機會。

7. 恪守法規：碩盛從成立以來，嚴格遵循泰國當地法規，也因此公司才能長期屹立不搖，持續擴大營運至今。

本段開頭提到的例子，該名客戶後來找了碩盛幫忙善後。我們在短短一個月內，重新整理房子、上網招租，很快就把房子租出去，並且每個月如期提供報表，讓屋主十分安心。屋主還對我們說，早知道就不走前面那段冤枉路了。

　　碩盛持續幫助每一位到泰國投入房地產市場的客戶，找到最理想的房子，也能在最短的時間內將房子租出去，穩定獲取報酬。

　　最後，希望本書內容對於想要投入泰國房市的您有所助益，也希望碩盛在漫漫投資路上，有機會替您服務。

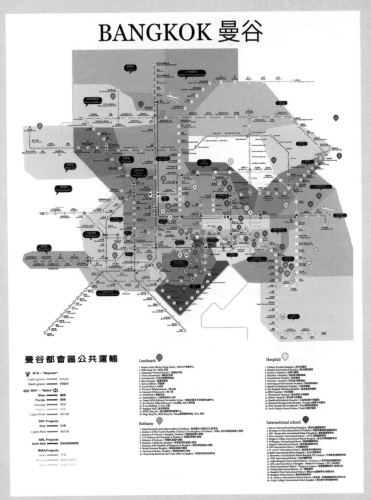

（彩色版歡迎掃 QRcode 檢視）

資料來源：碩盛國際不動產提供

泰國買房快易通

專家教你錢進曼谷、選對物件，
創造被動收入、購屋致富密技大公開

編　著／陳復宇
撰稿人／洪孟樊
美術編輯／達觀製書坊

企畫選書人／賈俊國

總 編 輯／賈俊國
副總編輯／蘇士尹
行銷企畫／張莉滎　蕭羽猜　黃欣

發 行 人／何飛鵬
法律顧問／元禾法律事務所王子文律師
出　　　版／布克文化出版事業部
　　　　　　115 台北市南港區昆陽街 16 號 4 樓
　　　　　　電話：(02)2500-7008　傳真：(02)2500-7579
　　　　　　Email：sbooker.service@cite.com.tw
發　　　行／英屬蓋曼群島商家庭傳媒股份有限公司城邦分公司
　　　　　　115 台北市南港區昆陽街 16 號 8 樓
　　　　　　書虫客服服務專線：(02)2500-7718；2500-7719
　　　　　　24 小時傳真專線：(02)2500-1990；2500-1991
　　　　　　劃撥帳號：19863813；戶名：書虫股份有限公司
　　　　　　讀者服務信箱：service@readingclub.com.tw
香港發行所／城邦（香港）出版集團有限公司
　　　　　　香港九龍土瓜灣土瓜灣道 86 號順聯工業大廈 6 樓 A 室
　　　　　　電話：+852-2508-6231　　傳真：+852-2578-9337
　　　　　　Email：hkcite@biznetvigator.com
馬新發行所／城邦（馬新）出版集團 Cité (M) Sdn. Bhd.
　　　　　　41, Jalan Radin Anum, Bandar Baru Sri Petaling,
　　　　　　57000 Kuala Lumpur, Malaysia
　　　　　　電話：+603- 9056-3833　　傳真：+603- 9057-6622
　　　　　　Email：services@cite.my
印　　　刷／卡樂彩色製版印刷有限公司
初　　　版／2024 年 10 月
定　　　價／380 元
ISBN／978-626-7518-18-2
EISBN／9786267518199（EPUB）

城邦讀書花園　布克文化
www.cite.com.tw　www.sbooker.com.tw